MINISTÈRE DE L'INSTRUCTION PUBLIQUE, DES CULTES ET DES BEAUX-ARTS

DIRECTION GÉNÉRALE DES BEAUX-ARTS

MANUFACTURES NATIONALES

RAPPORT

ADRESSÉ

A M. LE MINISTRE DE L'INSTRUCTION PUBLIQUE ET DES BEAUX-ARTS

PAR M. LAMEIRE

au nom de la Commission de perfectionnement de la Manufacture nationale de Sèvres

SUR

LES PORCELAINES MODERNES

QUI ONT FIGURÉ

A L'EXPOSITION UNIVERSELLE DE 1878

PARIS

—

1879

42

COMMISSION

DE LA MANUFACTURE NATIONALE DE SÈVRES

MM. Le Directeur Général des Beaux-Arts, *Président.*

Duc C✻, Architecte, *Membre de l'Institut.*

De Longpérier C✻, *Membre de l'Institut.*

Berthelot O ✻, *Membre de l'Institut.*

Hebert C✻, Peintre, *Membre de l'Institut.*

Gruyer ✻, Inspecteur des Beaux-Arts, *Membre de l'Institut.*

Barbet de Jouy O✻, Conservateur du Musée du Louvre.

G. Berger O✻, Directeur des sections étrangères à l'Exposition universelle de 1878.

Deck O✻, Fabricant de céramique.

Dubouché ✻, Directeur du Musée céramique de Limoges.

Galland ✻, Peintre, Professeur à l'École des Beaux-Arts.

Hache ✻, Fabricant de céramique.

De Lajolais ✻, Directeur de l'École des arts décoratifs.

Lameire ✻, Peintre.

Mazerolle ✻, Peintre.

A. Moreau ✻.

Du Sommerard O ✻, Directeur du Musée de Cluny.

Gerspach ✻, Chef du bureau des Manufactures nationales, *Secrétaire.*

M. le Ministre ayant prié la Commission de lui adresser un rapport sur les ouvrages de la Manufacture nationale de Sèvres et sur les produits similaires modernes exposés dans les sections française et étrangères, M. Lameire a bien voulu se charger de ce travail.

Dans les séances des 25 novembre 1878 et 8 janvier 1879, M. Lameire a donné lecture de son rapport, dont les conclusions ont été adoptées par la Commission.

RAPPORT

ADRESSÉ

A M. LE MINISTRE DE L'INSTRUCTION PUBLIQUE ET DES BEAUX-ARTS

PAR M. CH. LAMEIRE

AU NOM DE LA COMMISSION DE PERFECTIONNEMENT DE LA MANUFACTURE NATIONALE DE SÈVRES

SUR

LES PORCELAINES MODERNES

QUI ONT FIGURÉ

A L'EXPOSITION UNIVERSELLE DE 1878

Paris, le 15 novembre 1878.

Monsieur le Ministre,

Le retour presque périodique des grands concours internationaux que l'on a vus se produire depuis plus de vingt ans, montre, mieux que tout autre enseignement, les progrès réalisés par les diverses nations sur leurs expositions antérieures et donne la véritable mesure de cette progression ascendante qui frappe les regards.

Pour nous renfermer strictement dans les limites de ce rapport, qui doit comprendre les produits de la Manufacture de Sèvres et les produits similaires exposés par la France et par les autres nations, nous jetterons d'abord un rapide coup d'œil sur l'ensemble des objets exposés par ce grand établissement national et nous examinerons ensuite les pièces les plus remarquables, tant par leur importance que par leur aspect typique, les éléments divers qui ont concouru à leur composition et leur appropriation aux usages auxquels ils paraissent destinés.

Monsieur le Ministre,

Ainsi que l'ont exposé les rapports successifs qui vous ont été adressés par la commission de perfectionnement, nous constaterons encore cette fois, en présence de la merveilleuse réunion d'objets exposés par la Manufacture nationale, réunion produite au milieu de circonstances difficiles, nous constaterons les efforts généreux faits par la Direction et par les artistes de cet établissement pour le maintenir à la hauteur de son ancienne réputation.

Depuis la dernière Exposition au Palais des Champs-Élysées en 1874, la plupart des errements condamnés par la commission de perfectionnement n'ont pas été reproduits et de très-réels progrès ont été obtenus, non pas tant dans une exécution si parfaite qu'elle semble ne pouvoir être surpassée, que dans la meilleure application des éléments décoratifs qui concourent à l'ornementation des vases.

Cependant il reste beaucoup à acquérir encore pour obtenir le résultat final de toute décoration céramique :

Harmonie complète entre la destination de l'objet, la matière qui le compose et les ressources ornementales dont on peut disposer.

Nous diviserons cet examen en suivant l'ordre du catalogue officiel, commençant :

1° Par la porcelaine dure sans décoration;

2° Porcelaines peintes au grand feu;

3° Porcelaines au grand feu avec pâtes appliquées;

4° Porcelaines peintes au feu de moufle;

5° Porcelaines tendres;

6° Biscuits;

7° Émaux.

(*Nous conserverons pour désigner chaque pièce le numéro qu'elle porte au catalogue officiel* [1].)

(1) Voir le catalogue aux annexes.

I.

Parmi les porcelaines dures à fonds sous couverte, sans décoration ni dorure, nous remarquons, sous le n° 1 :

Le grand vase de Neptune, première grandeur, forme de M. Nicolle, dont la réussite, comme pièce céramique, atteste des moyens de fabrication sans parallèle dans aucun établissement similaire ;

Le vase Brongniart, première grandeur (n° 3), bleu lapis, très-réussi comme tonalité et dont les bronzes des figures d'enfants et des torsades complètent la grande tournure.

Nous regrettons que la torsade qui ceint les épaules du vase semble cacher une jointure absente, la panse tout entière étant d'une seule pièce ;

Le vase Fulvy (n° 2), ancien modèle dont la coloration générale paraît trop se rapprocher du marbre et trompe ainsi sur la nature de la matière employée.

Les feuilles et rubans en argent qui ornent le col et la base de la panse ne se détachent pas sur le ton local gris-bleu et les enfants ne paraissent pas d'aplomb sur les épaules du vase.

Au reste, ce vase avait été jugé par la commission et ne sera pas reproduit sans de sérieuses modifications ;

Le vase Mayeux (n° 4), qui a obtenu le prix de Sèvres en 1875, est une belle amphore, d'un ton bleu vermiculé très-harmonieux. Le col paraît court et les ornements en relief des épaules, de la base et du pied, sont d'une tonalité un peu triste ; mais le profil général est ample et d'une grande pureté ;

Le vase de Nîmes (n° 6), fond bleu lapis, a grand air, mais les anses argent et bronze, d'une belle exécution, paraissent manquer d'ampleur ;

Les deux vases, carafe étrusque (n° 7), la coupe ovale (n° 8), les deux coupes à torsades (n° 9) fond bleu lapis, en bleu turquoise uni, sont parfaits de réussite comme fabrication.

II.

On remarque parmi les porcelaines peintes au grand feu, ou à fond sous couverte, rehaussées d'or, les belles potiches et vases (n°ˢ 11, 12, 12 *bis*, 13, 19) dont les plantes et feuillages, peints par MM. Ficquenet et C. Cabau, ne méritent que des éloges pour l'entente décorative et l'exécution de leurs fleurs camaïeu savamment jetées sur la panse et qui font de ces objets des œuvres très-remarquables.

Deux bassins chinois (n° 21) et deux jattes à déjeuner (n° 22), avec leurs ornements repercés à jour et rebouchés à l'émail transparent, sont d'une belle réussite comme fabrication, ainsi que le cabaret Dimère (n° 23) en bleu lapis avec filets d'or discrètement agencés.

Le vase Chéret (n° 15), qui a obtenu le prix de Sèvres en 1876 et qui est destiné au foyer de l'Opéra, répond bien par l'ampleur de ses contours, par sa frise et les masques qui le décorent, à sa fastueuse destination.

III.

Entre les porcelaines décorées par le procédé des pâtes d'application il faut remarquer, en premier lieu, le vase des Éléments (n° 25), forme de M. Carrier-Belleuse, sur lequel nous voyons en pâtes appliquées et dessinée avec un charme infini, en deux zones superposées de valeurs différentes, la très-belle composition de M. Gobert, sur fond rose. L'aspect général du vase manque de vigueur, le limbe de l'ouverture pourrait facilement être plus évasé et l'on désirerait plus d'ampleur aux épaules. Les bronzes du bas de la panse paraissent lutter désavantageusement avec ceux du col, et plus de simplicité dans le bas laisserait aux têtes et aux guirlandes qui ornent le col toute leur importance.

Le pied est d'un beau profil et supporte parfaitement le vase.

Les deux vases Clodion (n° 26), le vase Clodion (n° 27) et le vase potiche (n° 28), décorés par le même artiste, ne sont pas moins remarquables. Dans les deux premiers, M. Gobert a peint en pâte blanche, avec son talent accoutumé, les Quatre Saisons. Mais les fonds légèrement dorés, ou d'un vert intense, sur lesquels l'artiste a placé ses figures, luttent par leur silhouette avec celle de la panse.

Le n° 27 montre, sur un fond bleu verdet d'une belle tonalité, de gracieuses figures, au milieu d'une fine végétation, blanc et or ; et le vase potiche (n° 28) fond gris, avec figures d'enfants, serait parfait si l'ornementation du col n'était trop fine et sans parenté avec le reste du vase.

M. Paul Avisse nous montre, dans le vase Neptune (n° 29), 2ᵉ grandeur, sur un fond rose changeant, des figures choragiques, en pâte blanche, largement drapées et se tenant la main. Elles sont composées et exécutées dans un beau style et redessinées d'un trait ferme. Les ornements de la panse, également en pâte blanche et empruntés aux méandres grecs, sont en parfaite harmonie avec la décoration du col et forment un ensemble dans lequel tout est à louer.

Sur deux vases potiches (n° 34), fond Céladon vigoureux, le même artiste nous montre des figures élégantes en pâte blanche très-douce, exécutées par M. J. Doat sur un cartel Céladon clair qu'encadre heureusement une ornementation tracée par M. Guillemin et formée de quadrillés, tiges et culots blanc et or, sur bleu verdet, parfaite de disposition et qui donne à ses objets une complète harmonie.

Le vase de la Musique (n° 35), les vases (n° 43, 44), ainsi que la jatte indienne (n° 84), du même auteur, sont des pièces également remarquables et qui accusent une grande expérience.

Plusieurs vases Bertin, première grandeur (n° 50, 51, 52), dont la décoration est composée et exécutée en pâtes blanches et colorées par M. L. Gély sur des fonds roses changeants, sur des fonds verdâtres et sur fonds noirs, sont également à louer complètement.

Le vase d'Entrecolles (n° 53), première grandeur, à fond blanc, avec bracelets au col ; un fin treillage enserre une végétation en coloris et or. Sur la partie brillante de la panse, ce réseau encadre un grand médaillon gris-verdet, un peu monotone, sur lequel volent des oiseaux d'un bleu puissant, avec ombres chaudes qui forment la note brillante, tandis qu'au-dessus nagent des poissons finement exécutés.

Cet ensemble est très-remarquable, hors le pied dont la décoration manque de parti.

D'autres vases (n°s 55, 56, 57 et 59), décorés également par M. Gély, nous montrent une entente parfaite et raisonnée des pâtes colorées avec peinture au demi grand feu et dorure. Les décorations en or, par MM. Rejoux et David, méritent aussi d'être citées.

Le vase Hercule (n° 30) rappelle par sa forme les grands vases grecs.

Le col, les épaules et la base de la panse, ainsi que le pied, sont compris dans une ornementation serrée et brillante.

Les anses sont en bronze et or avec application de porcelaine. Les figures du col représentent les douze travaux d'Hercule, et les deux sujets en pâte blanche, exécutés par M. Damouse, se détachent franchement sur la panse bleu-vert dont la coloration manque complétement de profondeur.

Le vase de la Céramique (n° 31), sur le corps rosé duquel se déroulent, en pâte blanche, les diverses phases de la fabrication des vases. La composition est bien ordonnancée et très-bien exécutée par M. Laureau d'après M. Larue, mais il est regrettable que l'ornementation qui la couronne et qui reproduit les silhouettes de la nouvelle manufacture de Sèvres, soit exécutée en or et redessinée par un trait noir d'une trop grande épaisseur.

Le ton local des parties lisses, formé d'un pointillé d'or nuageux, manque de fermeté.

M. Flament nous offre, sous le n° 32, deux vases amphores, fond bleu-vert, décorés avec une grande perfection tant comme disposition de l'ornement en or, par M. Rejoux, et des figures exécutées par M. Archelais, que comme exécution. Tout serait à louer dans cet ensemble si le pied de bronze qui soutient le vase et qui est en lui-même très-bien composé par M. Roger, n'était beaucoup trop important pour l'objet qu'il supporte.

Nous pourrions ajouter que l'extrême délicatesse de la composition ornementale qui décore ces amphores serait mieux placée sur des vases d'une forme moins rigide de contours.

Le n° 33 est un grand vase de Nîmes, dont la coloration douce et claire, s'harmonise parfaitement avec la tonalité des figures et des feuillages qui le décorent et qui serait parfait si la naissance de cette végétation à la base de la panse était mieux motivée. Le haut du col est très-réussi et les marguerites alternées d'épis qui le décorent sont d'une heureuse disposition.

Deux vases-cylindres, forme de M. Carrier-Belleuse ; l'un, sous le n° 36, nous montre des glaïeuls et des lys en pâtes colorées par M. Bulot.

L'autre vase-cylindre (n° 45) déroule à nos yeux le panorama de la ville de Paris, par M. J. Célos, d'après Mme Escalier.

Exécution très-remarquable. Il est à regretter que l'écu des armes de la ville de Paris, qui agrafe les deux extrémités de cet ensemble, manque complétement de caractère héraldique. Quant aux socles de ces deux cylindres, ils ne sont pas assez simples pour la rigidité du vase.

N'oublions pas de mentionner les deux vases Peyre (n° 65), du même artiste. M. Célos, d'après Mme Escalier, nous montre aussi dans le vase-cornet n° 46, sur un ciel orageux se confondant avec les flots, bleu intense, d'une mer agitée, une branche de pommier en fleurs, en pâtes colorées, qui, de ses frais pétales, égaie ce fond vigoureux.

On doit reprocher au vase Salamine (n° 47), exécution de M. Célos d'après Mme Escalier, la façon dont l'ornementation du bas de la panse se soude au pied. Il y a là confusion de composition et de couleur ; mais le corps du vase lui-même, avec ses nénuphars et ses martins-pêcheurs volants, est merveilleux de coloration et de fermeté.

M. Bulot a composé et exécuté le vase d'Entrecolles (n° 37), deuxième grandeur, et le vase Salamine (n° 38). Ces deux vases, avec leurs perroquets et fuchsias en pâtes colorées ou leurs capucines en pâtes bleu persan, sont remarquables comme entente décorative.

Les vases de la *Vendange* (n° 40), ornementation trop sommaire du col.

Les deux vases-cornets (n° 41), deuxième grandeur, avec ornementation fleurs nature, en pâtes colorées, reprises en or et peinture demi-grand feu, par M. Lambert, méritent d'être signalés. Mentionnons aussi le vase caisse à fleurs (n° 42), avec des glycines et des oiseaux bien composés, mais dont le pied est étranger au vase qu'il supporte.

Nous remarquerons deux vases potiches (n° 39), deuxième grandeur, avec décoration d'oiseaux et fougères, exécutés en pâtes colorées, sur fond gris de platine, par M. E. Belet.

Le vase Cordelier (n° 48), première grandeur, composé par M. Ficquenet et décoré par lui de pivoines et de pavots en pâtes bleues et vertes sur fond gris damassé, serait à louer en tous points comme décoration si l'on ne regrettait un peu trop de rigidité dans les ornements du bas de la panse et du pied.

Le vase d'Entrecolles (n° 54), sur fond gris vibrant avec pivoines bleues, vertes et brindilles d'or, par M. Ficquenet, est à louer sans réserve.

Sous le n° 49, le vase-carafe étrusque *l'Hiver*, première grandeur fond gris. A la base de la panse, des feuilles camaïeu bleu se courbent sous le poids de la neige qui les recouvre. Sur les épaules et sur l'évasement du col, des gouttes de neige congelées ornent ces deux parties de leurs blanches stalactites.

L'opportunité de cet effet de neige sur un vase est peut-être contestable, mais l'heureuse exécution rachète en partie ce défaut originel.

Deux vases de Nevers, avec fleurs et oiseaux par M. Gely et décoration en or par M. Béjoux, ont un aspect de vases de bronze.

M. Damouze nous montre, sous le n° 60, deux belles potiches d'une coloration brillante, fond jaune, qu'une fine branche de houblon agrémentée de brindilles d'or raye en diagonale. Sous le n° 61, deux vases Boizot, fond rosé, au grand feu, avec médaillon orné d'enfants en pâte blanche qu'encadrent des guirlandes délicatement agencées. Nous remarquons, du même artiste, le vase de Milo (n° 62) et le vase antique chinois (n° 63), la coupe ovale Ducerceau (n° 76), à fond turquoise avec figures en pâtes reprises en or au procédé Béjoux, par M. Derichsweiler. Les deux coupes Rivoli (n°ˢ 78, 79), ainsi que la coupe réticulée à pied dauphin (n° 80), qui est très-remarquable d'exécution, mais dont il faut blâmer les oiseaux nature qui s'abattent à l'intérieur et sont étrangers, par leur coloration, à la tonalité sévère de l'extérieur de la coupe.

Deux vases d'Entrecolles (n° 64), fond noir, décors chinois, par M. Derichsweiler, d'après les dessins de M. E. Renard, médaillon carré avec riche encadrement : le paysage du cartel est fort bien entendu comme interprétation décorative de la nature.

Le vase-caisse à fleurs (n° 69), décoré en style persan par M. Blanchard, sur fond jaune, avec fleurs blanches, rouges et vertes, d'une grande fermeté de contours, est d'un aspect très-décoratif.

Sous les n°° 70, 71, 72, 73, 74, le même artiste nous montre seize vases bouteille persane de diverses grandeurs, décorés en pâtes blanches et colorées avec une grande variété, et auxquels l'appoint de filets blanc-jaunet répétés, soit par un contour d'écailles, soit par les mailles d'un fin réseau, donne un aspect très-brillant. Toutes ces pièces sont merveilleusement réussies.

Les deux coupes Renaissance (n° 77) et la coupe Henri II (n° 81) à fond gris, décorées par M. Briffaut, sont d'un bon profil, mais l'ornementation en pâte blanche est trop transparente et manque de parti.

La jatte du Musée (n° 83), forme Peyre, et la jatte indienne (n° 84), nous montrent leurs décorations composées par M. P. Avisse.

Nous voyons sous le n° 87 deux tasses à la Reine, fond blanc, avec ornement en or en relief, composé par M. Briffaut et appliqué par M. Bonnuit, charmantes de finesse.

La tasse à la Reine (n° 88), par M. T. Doat, et le cabaret Dimère (n° 89), avec plateaux du même artiste, sont dignes de fixer l'attention. Le cabaret Dimère surtout, dont le plateau formé d'un parallélogramme, aux côtés mouvementés, aux angles ronds, nous offre un heureux spécimen d'entente décorative. Ces pâtes blanches appliquées sur fond céladon, sont charmantes d'aspect, charmantes de détails ; tout serait réussi dans cet objet si le ton céladon n'était pas trop vert-pois et n'amoindrissait par son aspect le charme de cet ensemble.

IV.

PORCELAINES PEINTES AU FEU DE MOUFLE.

En premier lieu, nous remarquons deux vases Salamine (nᵒ 90) fond blanc, qu'ornent des figures camaïeu, par M. Froment, mais avec un modelé trop prononcé. Les nielles du bas de la panse et du pied sont trop maigres et trop multipliés.

Le vase de Neptune (nᵒ 91), deuxième grandeur, fond caméléon, reproduit, sur son large col, une belle composition de M. Carrier-Belleuse, peinte par M. Brunel Rocques en un ton bistré qui coupe le vase en deux valeurs presque égales comme dimension et dont malheureusement la supérieure est la plus vigoureuse.

Le vase d'Achille (nᵒ 92), du même artiste, nous montre une ronde d'enfants, camaïeu demi-nature, d'une exécution molle. L'application des ors de M. Derichsweiler, d'après les dessins de M. Bernard, est très-réussie comme composition et comme exécution.

Nous voyons sous le nᵒ 93 deux vases Socibius composés et peints par M. Roussel. L'ornementation du col est heureusement agencée et renferme des éléments parmi lesquels apparaît la note blanche de la panse et des anses, note dont l'absence se fait sentir dans la décoration de la base et du pied. Le sujet principal, en ton nature, est bien composé, mais d'une exécution trop modelée.

Le vase-œuf (nᵒ 94) fond bleu, avec médaillon nature bien exécuté par M. Abel Schilt d'après Lemoyne ; encadrement heureux. Le col et la base sont en harmonie avec la panse, mais le médaillon qui la décore paraît trop important comme dimension.

Deux vases de Rhodes (nᵒ 95), au col bleu-verdet, à la panse blanche, sur lesquels sont peintes des figures allégoriques par M. Barriat. Le ton blanc de la panse est trop absolu et ne se lie pas au col ni au pied du vase.

Les deux vases Rimini (nᵒ 96) nous montrent des rinceaux verts sertis d'or, avec fleurs en or sur un ton bleu foncé sans profondeur. Les rinceaux ont un bon mouvement, mais ne peuvent racheter l'aspect métallique du vase.

Sous le n° 97, M. de Courcy expose deux vases potiches fond pourpre claire, d'une ornementation d'un ton d'or modelé qui paraît trop éteinte. Les nielles et brindilles du col et de la base, heureusement distribués, donnent seuls de l'accent à ces potiches.

Remarquons aussi les deux vases de la *Vendange* (n°s 99 et 100) et le vase Églantier à fond blanc.

La décoration en or du col et du pied est un peu trop fine de détails. Sur la partie principale de la panse, Mme Apoil a peint de ravissantes compositions en ton nature et modelé, mais le gris argentin qui les enveloppe leur donne un aspect camaïeu grisaille colorée d'un charme infini.

Sous le n° 101, M. Bulot nous montre deux vases-cornets fond bleu, avec branches et fleurs de pêcher, marguerites et oiseaux nature, mais peints avec une simplicité locale et une disposition toute décorative.

Le vase de Nîmes (n° 102), fond blanc, sur lequel M. Bulot a peint avec un grand savoir des tiges de glycines et de raisins montant en spirales de la base au sommet, est très-harmonieux d'aspect, mais les fleurs et les fruits qui garnissent ces tiges sont trop nature. L'ornementation du sommet du col et de la base est un peu étrangère au reste par sa coloration et par la disposition trop géométrique des raisins.

Sous les n°s 103, 104, 105, 106, 120, M. Cabau nous montre des vases peints au demi-grand feu avec une grande perfection. Sous le n° 104, vase Bertin première grandeur, fond blanc, des iris et des glaïeuls s'échappent des feuilles en volutes et enlacent la panse. Ces plantes, savamment exécutées quoique d'une coloration naturelle, empruntent au mouvement rhythmé de leur tige une silhouette décorative. Sous le n° 103, vases-balustres pour torchères. Des plantes nature, ornemanisées seulement à leur sommet et placées verticalement, sont retenues par la bague du col et par la ceinture de la panse dont l'ornementation est un peu étrangère au parti décoratif de ces deux vases. Le vase potiche (n° 105) jaune-citron, avec fleurs nature. Elles sont peintes sur un fond de pâtes colorées, exécutées en relief par M. Cabau. Le col et la base de la panse, ainsi que les épaules, sont ornés de pâtes appliquées par M. Lucas; ces ornements d'une coloration harmonieuse et dans laquelle le noir et le blanc, disposés savamment, jouent avec le bleu et l'or. L'heureux effet de ces notes brillantes, obtenu avec des éléments aussi simples, est la condamnation, sur le même vase, de fleurs nature de la plus parfaite exécution.

Le vase Salamine (n° 106), fond jaune avec fleurs jaune clair et camaïeu rose, bistre et or, offre une harmonie chaude et riche, et il serait sans reproche si l'ornementation du pied n'était trop fine d'échelle et si la bague de la base n'était étrangère au vase.

Les deux vases-balustres pour torchères, forme Peyre, à fond pourpre, avec oiseaux camaïeu et or, parfaitement entendus comme contours et tonalité, font le plus grand honneur à M. Lambert. Le collier du vase et sa base en bronze doré sont bien appropriés à l'objet qu'ils accompagnent. Le vase-bouteille (n° 108) et deux vases d'Entrecolles (n° 114) appartiennent également au même artiste. Ces deux derniers vases, décorés en style chinois, gravés en réserve en pleine pâte, seraient parfaits s'ils n'avaient un aspect métallique que ne doit pas revêtir un vase en porcelaine.

Dans le vase Neptune (n° 109), l'*Amour vainqueur* et l'*Amour vaincu*, M. Derichsweiler a peint sur un fond bleu vigoureux une riche décoration avec feuilles et rinceaux vert et or. Les deux médaillons de la panse, avec figures en argent gravées sur fond pourpre d'après les dessins de M. Brunel-Rocque, sont réussis, mais le contour du médaillon laisse voir dans sa partie supérieure une silhouette qui ne tient pas assez au reste de la décoration, tandis que les enroulements de la partie inférieure, laissant pénétrer le ton bleu du vase, s'harmonisent parfaitement avec ceux du col.

Le vase de la *Vendange* (n° 110) fond bleu, avec quatre figures en or chinois (or jaune et vert), par M. Derichsweiler d'après les dessins de M. Carrier-Belleuse et l'ornementation de M. Renard, est parfait d'ensemble et de détails. On regrette seulement la lourdeur du bas de la panse et du pied.

Parmi les vases potiches (n°s 111, 112) exécutés par M. Béjoux en or chinois et dissous, nous remarquons principalement le vase potiche n° 112, première grandeur, fond bleu avec roses trémières modelées en or jaune et en or vert, s'harmonisant parfaitement avec l'ornementation d'où elles s'échappent.

Les deux vases d'Entrecolles, deuxième grandeur (n° 114), en style chinois, décoration de feu Lambert, avec application d'or et de platine par M. P. Hallion, seraient charmants si leur aspect ne rappelait des vases de métal.

Sous le n° 116, une plaque, peinte au demi-grand feu, nous montre l'*Embarquement pour Cythère*, interprété de Watteau, par M. Schilt. Bien que conçu en dehors des errements de la commission de perfectionnement, cet objet, d'une exécution très-soignée, a été exposé par l'administration en vue des difficultés de la cuisson.

Sous les n°s 117, 118, 119, trois coupes Diéterle réticulées attachent les regards par l'harmonie de leur coloration et leur décoration parfaite.

La jatte du Musée (n° 120), à fond bleu vibrant, avec roses trop nature sur la panse. Les brindilles qui s'en échappent s'enroulent d'une façon conventionnelle et rachètent le pittoresque des bouquets. Des feuilles bleu-vert, serties d'or, jouent avec le fond bleu du vase et font valoir son intensité.

Une jatte persane ajourée, à réseau or jaune et or vert, d'un aspect ferme, et la jatte de cabaret chinois réticulée, portant le n° 122, sont deux pièces très-réussies.

Nous citerons aussi le coffret réticulé (n° 123) et la cassolette à parfums réticulée, comme deux pièces remarquables.

Le porte-bouquet chinois ajouré est d'une belle fabrication, ainsi que les quatre vases trépieds réticulés (n° 126), composés et exécutés par M. Dammouse.

M. Bonnuit, d'après les dessins de M. E. Renard, expose, sous le n° 129, un cabaret Dimère avec plateau aux contours mouvementés. La place des tasses et des soucoupes est indiquée sur le fond blanc par une ornementation en or fine et serrée.

Les fleurettes en coloris, serties de noir, qui animent la zone or jaune et or vert, dont les épaules de ces petits objets sont ornées, sont ravissantes d'aspect. Tout est à louer dans ces pièces aussi précieuses par leur exécution que par leur composition ornementale.

Le n° 133 nous montre un cabaret ovoïde, fond blanc, avec ornementation architecturale du meilleur goût; ce beau travail d'ensemble, composé par M. E. Renard, est exécuté dans la dernière perfection en or jaune et en or vert; la dorure en relief est de M. Bonnuit. Les jolies figures, en ton nature, peintes par M. Schilt, paraissent cependant un peu trop modelées.

Les services à café et à thé réticulés, n°s 135, 136, 137, 138, 139, sont parfaits d'exécution. Nous distinguerons surtout la cafetière turque et son plateau (n° 138).

V.

PORCELAINE TENDRE.

Sous le n° 140, nous voyons deux vases Pâris, le col et le pied bleus, les épaules jaunes et la panse blanche. Les végétations qui s'échappent de la base sont d'un bleu moins intense que le pied et alternent avec une ornementation jaune clair qui rappelle la tonalité des épaules. Les figures d'enfant, qui découpent leurs silhouettes sur le fond blanc de la panse, sont exécutées par M. Froment. Les anses sont beaucoup trop grêles.

Les deux vases (n°s 141, 141bis), ainsi que les deux vases annelés (n° 142), sont décorés par Mme Apoil avec un charme qui désarme la critique.

Avec M. Bulot, nous remarquons deux vases Pâris (n° 144) et deux vases annelés (n° 145) d'un brillant aspect. Des fleurs nature, savamment exécutées, sont jetées avec hardiesse sur la panse de ces vases. Le seul reproche qu'on puisse leur adresser est leur perfection même.

Pour le n° 146, M. Goddé nous montre un vase Pâris fond blanc avec feuilles et culots vert-bleu, pourpre et or, s'épanouissant en gerbe colorée sur la panse. L'aspect décoratif est complet.

(N° 147). Vase Pâris première grandeur, fleurs ornemanisées, composées et exécutées en émail turquoise, en relief sur fond vermiculé or, par le même artiste. Ce vase est très-savamment compris comme aspect décoratif ; mais il pourrait aussi bien être en métal qu'en porcelaine, et c'est l'absence de cette matière, désirable au moins en quelques points, qui peut seule appeler un blâme sur une œuvre aussi parfaite.

M. Goddé nous fait admirer aussi les vases Pâris (n°s 148, 149, 150, 151, 152, 153, 154) qui reproduisent des fleurs camaïeu sur fond vermiculé et dans lesquels la porcelaine apparaît, soit complétement, soit par intervalles. On ne peut que leur donner des louanges.

Dans les deux vases Ly (n° 155) et dans les deux vases annelés (n° 156), nous voyons des colorations brillantes sur fond vermiculé. Ils sont pleins de charme et d'une ornementation céramique très-entendue.

Dans les deux tasses à la Reine (n° 160), M. Guillemain nous montre une décoration polychrome en relief sur fond jaune. Et dans dix-sept tasses à la Reine, MM. Goddé et Guillemain nous offrent des spécimens très-réussis de décoration d'émaux polychrome en relief.

VI.

BISCUITS DE PORCELAINE DURE.

Une partie de la riche collection des biscuits de la manufacture de Sèvres rappelle le charme de ce genre de fabrication à la fin du XVIII° siècle. Parmi les statuettes exposées, on remarque celle de la mère du Sauveur, tenant l'enfant Jésus dans ses bras. Ce groupe est réduit par M. Forgeot d'après M. Carrier-Belleuse.

VII.

ÉMAUX.

C'est à M. Gobert que nous devons les principales pièces émaillées qui forment cette exposition.

Citons d'abord la belle coupe Pénicaud (nᵒ 168), à médaillon, avec figures en relief et nielles or et blanc. Tout est à louer dans cet objet, moins l'ornementation du pied qui manque de caractère, et le socle de bronze doré qui n'est pas assez simple.

Les nᵒˢ 169-170 nous font voir deux buires fond noir. Sur la panse, un cartel contient des figures ravissantes qu'entourent des nielles, or et blanc, heureusement agencés. Le profil de ces buires est d'une grande finesse.

Deux vases, forme calice (nᵒ 171), avec médaillons en relief. Tout en approuvant sans réserve le vase-calice fond noir avec figures et ornements en grisailles, nous ferons observer que les ornements du calice bleu manquent un peu de caractère.

Le nᵒ 173 représente deux vases-trépieds, d'un noir indécis, autour desquels tournent deux charmantes compositions pleines d'entrain. Le bronze du pied n'est pas assez ferme.

La coupe *la Guerre* (nᵒ 174) est aussi belle d'exécution que les vases précédents.

Dans tous ces émaux, nous n'avons qu'à admirer le génie inventif de M. Gobert qui sait si bien s'inspirer des émailleurs limousins du xviᵉ siècle, tout en restant original dans ses compositions.

Les deux plaques exécutées en émaillage et en paillons, par MM. Meyerheine et feu Philip, reproduisent des figures d'Holbein avec une grande vérité

Quelques pièces non inscrites au catalogue méritent d'être signalées.

Sous le nᵒ 176, M. Célos nous montre un grand vase-caisse à fleurs, fond Céladon, en pâtes colorées blanc, bleu, pourpre et or en relief. La disposition est bonne et les cartels qui occupent la panse sont animés par des oiseaux d'une heureuse silhouette.

Cet ensemble serait complet sans le malheureux appoint de feuilles de chêne, serties d'or, qui ne sont que peintes et qui enveloppent le vase d'un réseau étranger au reste de la décoration comme tonalité et comme procédé.

Deux vases potiches (nᵒˢ 177, 180) fond vert et jaune, sur lesquels M. Gély a peint au grand feu, en pâtes appliquées, des fleurs et des oiseaux de tonalité vigoureuse et compris décorativement.

Les vases (nᵒ 179) fond bleu avec or, sans figures, sont d'une coloration douce et harmonieuse; les filets noirs jouent heureusement dans cet ensemble. La division de l'espace est bien ordonnancée et les rinceaux Sallambiers, en pâtes appliquées, sont d'une exécution parfaite. Regrettons que le motif principal soit un petit vase qui semble être un diminutif de l'objet lui-même.

Le nᵒ 180 est un vase potiche jaune clair, sur lequel M. Gély a peint au grand feu, avec beaucoup de succès, des oiseaux et des fleurs d'une silhouette vigoureuse. Sous le nᵒ 182 est un vase potiche fond bleu avec figures blanches en pâtes appliquées, entourées de végétation et de nielles blanc et or, d'une grande ténuité.

Nᵒ 183, grand vase de Nîmes, fond bleu. Le sommet du col et la base tout d'un noir bistré; de cette dernière s'élancent des feuilles dentelées qui lèchent la panse et s'entr'ouvrent pour laisser apparaître de sveltes figures en pâtes appliquées par M. Gobert. Il est regrettable que le profil du vase n'ait pu donner une naissance plus motivée à cette ornementation importante très-savamment exécutée.

Sous le nᵒ 184 nous voyons deux vases de forme grecque, peints par M. Roussel.

Le col est d'un rouge orangé indécis, ainsi que la base de la panse et le pied qui cependant a des colorations noires, dont l'absence se fait sentir dans les deux premières parties. Sur la panse fond gris rosé, une cavalcade en pâte blanche dessine heureusement sa silhouette. Les principes de la division de l'espace sont bien appliqués sur cet objet dont l'exécution manque de fermeté.

Sur le long vase (nᵒ 185), à fond blanc de crème, M. Ficquenet a peint des fleurs bleues et vertes rehaussées d'or complétement réussies.

Le n° 186 est un grand vase cordelier fond bleu, avec ornements en bronze doré un peu maigre.

Le n° 187 nous montre une potiche fond gris, avec oiseaux en pâte blanche et glaïeuls en pâtes colorées, très-réussie.

N° 189. Effet de neige analogue à celui décrit plus haut.

Sous le n° 90, une caisse à fleurs, ton rosé avec pâtes colorées. Sur la panse, canards et fleurs. Il manque dans cet objet une note franche qui fasse vibrer les colorations trop indécises du grand feu.

(N° 191). Cabaret fond bleu, avec filets d'or d'un aspect charmant.

(N° 196). Jatte fond blanc avec ornements, fleurs et tiges, compris décorativement.

(N° 197). Jatte fond gris rosé, avec tiges et fleurs blanc et or, très-réussie.

Nous voyons sous le n° 199 une grande jatte fond blanc-gris, avec quadrillé or que surmonte un large lambrequin fond blanc, avec nielles or et qui laisse échapper par ses ouvertures des fleurettes trop nature, luttant désavantageusement, malgré leur grande perfection, avec les fleurs réelles dont la jatte est remplie.

Le n° 200 nous montre une grande jatte fond jaune, à fleurs dans le goût persan : blanc, pourpre et or, serties d'un trait vigoureux qui lui donne beaucoup de caractère.

Le n° 201 est une grande jatte fond gris, avec fleurs et feuilles blanches et bleues d'une heureuse disposition.

(N° 215). Cafetière, avec plateau, fond bleu, ornement brindilles, vert et pourpre, serties d'or, d'un bel aspect.

(N° 216). Cabaret au grand feu, également remarquable.

Sous le n° 221, nous voyons un vase-œuf, blanc et or, avec fleurs nature sur la panse. Ces fleurs méritent le même éloge et le même blâme que celles des vases-œufs cités plus haut.

Coupe blanche (n° 222), repercée à jour, d'une belle fabrication; mais la coloration de son pied paraît en bronze et étrangère comme matière à celle de la coupe.

Le n° 224 est un grand vase au col et au pied bleus, aux anses bleu-vert et or et à la panse blanche sur l'ampleur de laquelle se détache une figure d'enfant nature et trop grande d'échelle. Le bas de la panse est vide et nu.

Sous le n° 250 nous voyons un vase blanc ajouré par une heureuse disposition d'alvéoles bien à l'échelle de l'objet.

Mais il faut regretter que les lions blancs qui supportent le vase soient aussi étrangers à son ornementation et qu'ils se détachent crûment sur un socle bleu.

Et enfin la grande jatte peinte au grand feu, avec papillons et feuillages sertis de noir, d'une tonalité ferme et harmonieuse.

Il faut louer aussi les bronzes du socle qui sont très-bien composés et exécutés et qui complètent bien ce bel ensemble.

Monsieur le Ministre,

Cet examen, dans lequel l'éloge est parfois tempéré par la sincérité d'un blâme jaloux d'une plus grande perfection, montre une fois de plus combien est laborieuse la tâche des artistes céramistes qui, pour produire les œuvres remarquables qu'on attend de leur talent, doivent compter avec les difficultés d'une matière très-précieuse, mais qui est parfois si rebelle aux exigences de la pensée.

Il faut que la science de la décoration dirige de ses sages conseils chaque composition nouvelle sans affaiblir cet élan généreux qui est le propre de l'art élevé.

Rien de plus beau qu'un vase parfaitement réussi, mais qu'il résume en lui d'efforts de conception et de connaissances pratiques! L'art et la science s'y prêtent un mutuel appui, sans que l'un puisse jamais suppléer à l'autre; et c'est cet accord obligé qui imprime sur les œuvres de la céramique un charme indéfinissable.

Pour atteindre ce but, il faut que les artistes de la Manufacture de Sèvres se pénètrent bien de ces vérités, et qu'ils cherchent dans l'étude de l'art décoratif, dont nos devanciers ont donné tant d'exemples, le secret de cette harmonie finale entre la forme, la nature de l'objet et la destination.

Ils doivent se bien pénétrer que souvent les éléments les plus simples, répétés, alternés ou savamment agencés, produisent les effets les plus remarquables. Ils doivent reprendre avec courage la base même de leur éducation décorative et donner à leur expérience consommée de l'exécution, aux caprices de leur imagination féconde, l'appoint plus complet d'une science qui les guidera en les intéressant et qui, donnant sa raison d'être à chaque mode d'ornementation, rendra moins aride une tâche qui sera toujours des plus délicates, car c'est dans les œuvres de la céramique surtout que l'honneur croît en proportion des difficultés vaincues et que la victoire reste bien acquise au plus digne.

SECTION FRANÇAISE.

De la Manufacture de Sèvres si nous entrons dans la section française, nous voyons, dans le vestibule qui forme l'intersection de deux
galeries, les produits céramiques de la maison Ad. Hache et Pépin le
Halleur frères (de Vierzon), qu'il convient de citer en premier lieu
pour sa fabrication tout à fait hors ligne, ses beaux services de table
fond blanc, ses tasses avec une décoration raisonnée, délicate, dis-
crète et d'une heureuse harmonie.

On ne peut oublier de mentionner ici le grand surtout de table
blanc, bleu, or et argent, qui attire tout d'abord l'attention par son
aspect somptueux. Sauf quelques réserves sur l'introduction de l'argent dans les moulures et l'emploi d'un ton bleu souvent interrompu
par des rinceaux blancs et qui enlève à la membrure générale toute
sa fermeté, il n'y a que des éloges à donner à cet ensemble d'une
grande allure.

Il y a aussi mieux que des efforts parmi les pièces au grand feu
dont les franches colorations montrent tout ce qu'on peut obtenir
jusqu'à ce jour.

Dans la maison Ch. Pillivugt et Cie (de Mehun), nous nous trouvons
en présence d'efforts non moins heureux et plus variés, quant au
grand feu. Nous remarquons des vases, des potiches de formes diverses et de tonalités puissantes et quelques spécimens de pâtes sur
pâtes appliquées très-réussies.

Un tableau de nuances obtenues au grand feu et réglées par
M. Halot, chimiste de la maison, doit être signalé.

La décoration des assiettes est en général un peu chargée, mais
d'une exécution très-soignée.

Nous voyons au milieu de la salle voisine la maison Haviland
et Cie (de Limoges) et ses nombreux services décorés avec délicatesse, des assiettes blanches avec marli d'un ton doux et harmonieux,
bien comprises comme principe et d'une exécution parfaite.

En remontant, nous constatons les efforts de l'atelier d'application de l'école céramique de Limoges.

Nous remarquons aussi la maison Demartial et Taillandier, de la même ville, avec ses porcelaines fond blanc au marli pourpre et or, avec grisailles, d'un effet très-riche, mais d'une exécution un peu lourde. La division de l'espace laisse à désirer dans quelques pièces.

Nous sommes arrêtés devant la maison J. Pouyat (de Limoges) par un très-beau surtout blanc, d'une composition remarquable, élégante et ferme.

Signalons aussi des soupières blanches, des plats et un grand revêtement de carreaux de porcelaine, avec végétation colorée au grand feu.

La maison Sazerat offre en général dans ses produits une décoration trop chargée.

Terminons, pour la ville de Limoges, par la maison Gibus et Redon, dont les vases, coffrets et coupes au grand feu, avec pâtes appliquées, sont d'une belle fabrication et témoignent des plus louables efforts.

S'il nous est impossible de signaler individuellement dans ce rapport tous les industriels qui reçoivent des principales fabriques de porcelaine leurs formes blanches pour les décorer ensuite, disons cependant qu'il y a eu parmi eux de grands efforts tentés en vue de l'Exposition universelle, et que chacun a tenu à honneur d'y figurer dignement.

Mais l'application des principes de décoration céramique, émis par la commission de perfectionnement, n'a pu encore pénétrer suffisamment dans ces ateliers de fabrication restreinte ou seulement consacrés au décor; aussi y signalons-nous en général une trop grande abandance d'éléments décoratifs, une division fausse de l'espace et quelquefois l'absorption complète de la porcelaine par un ton métallique or ou argent.

Nous ne nous étendrons pas davantage sur quelques innovations qui ne paraissent pas devoir être encouragées, telles que la gravure sur porcelaine, qui revêt l'aspect d'un bas-relief en creux dont les contours et les arêtes se ressentent de la sécheresse de la matière, non plus que sur des biscuits à deux tons, des vases irisés, etc.....

Mais nous signalerons avec satisfaction les remarquables émaux placés dans les vitrines de la galerie voisine de la salle affectée à la porcelaine, et nous admirerons ces coffrets, ces médaillons aux colorations vigoureuses et brillantes, où l'art renommé de Limoges est interprété avec un goût exquis.

Nous ne quitterons pas la section française sans dire un mot du salon des amateurs peintres sur porcelaine et sur émail. Nous y voyons, en général, des reproductions de tableaux sur panneaux et sur médaillons dont quelques-uns se distinguent par un talent réel, mais dont il faut condamner l'application inopportune; l'art céramique n'étant pas destiné à reproduire sur des surfaces planes les scènes de la nature ou les produits de l'imagination.

Et puisqu'il s'agit, dans ce rapport, des principes de la décoration céramique, principes applicables, dans beaucoup de cas, à la faïence, nous signalerons, en passant, un abus qui pourrait compromettre le succès à venir de cette dernière.

Nous voulons parler des peintures en coloris, presque en relief, connues vulgairement sous le nom de barbotine, qui ont produit cette année de si nombreux et de si tristes exemples.

Heureusement la pléiade des artistes intelligents, tels que les Deck, les Boulenger, les Lœbnitz, etc., est assez nombreuse pour conjurer tout danger.

SECTIONS ÉTRANGÈRES.

ANGLETERRE.

Après avoir terminé la revue succincte de la céramique de la section française, entrons dans le côté nord-ouest de l'Exposition, au milieu des productions étrangères, et commençons cette revue comparative par l'Angleterre.

Il faut placer ici en première ligne les produits de la manufacture de Worcester, qui se distinguent entre tous par une entente souvent bien raisonnée de l'art céramique et par une grande perfection dans l'exécution.

Son biscuit *parian*, qui rappelle plutôt l'ivoire que le marbre, attire l'attention par ses tons blanc-jaunet sur lesquels des feuillages et des animaux fantastiques, en or jaune et en or vert, se combinent heureusement avec la tonalité du fond qu'ils décorent.

Nous devons signaler aussi des services d'un profil simple savamment ajourés.

Remarquons également de larges gourdes avec oiseaux d'or et des feuillages d'un heureux contour. Des panneaux circulaires ornés de la même façon, mais sur des fonds rouges, noirs ou verts de laque de Chine obtenus au grand feu, nous montrent des résultats très-remarquables de puissante harmonie qu'on ne saurait toutefois approuver en tant qu'imitation d'une autre matière par la porcelaine.

On ne saurait également approuver de longs cornets de forme japonaise entourés de feuilles et de fruits en relief complétement détachés et d'une imitation telle de la nature qu'elle exclut tout sentiment de l'art décoratif. Cela dit, nous ne saurions trop apprécier le charme contenu dans chacun de ces mille objets, vases, services de table, de dessert, de thé, etc., où l'ornementation est toujours à l'échelle de l'objet qu'elle décore.

La célèbre manufacture Minton et Cie, par la variété et la perfection de ses produits, doit occuper une des premières places dans la section anglaise. Ses pièces au grand feu, avec pâtes appliquées sur fond noir, vert ou bleu, nous montrent un art tout français transplanté en Angleterre, où il fleurit grâce aux mains habiles que cette maison à su s'attacher, mais qui ne reproduit pas le style des artistes indigènes dont on peut constater les efforts dans des objets d'une autre importance, tels que des services de table aux colorations vigoureuses. Nous donnerons toutefois un blâme à une série d'assiettes représentant des scènes historiques avec aspects perspectifs d'une exécution ravissante, mais qui ne sauraient trouver grâce devant les principes immuables de l'art décoratif.

Il faut admirer aussi les grands vases savamment composés et auxquels on ne peut reprocher que la perfection même des détails.

La manufacture de Wadgwood, avec ses nombreux spécimens de céramique, ne doit pas être oubliée dans ce rapport.

Minton et Holius nous montrent de petits panneaux rectangulaires où la gerçure joue heureusement avec les demi-reliefs, et de grands vases savamment composés et habilement décorés.

A. B. Daniell et fils (de Londres) et plusieurs autres qu'on ne peut citer nominativement, ont apporté des pierres précieuses à l'édifice céramique de la Grande-Bretagne.

Il n'entre pas dans le cadre de ce rapport de désigner par leurs noms toutes les maisons qui ont tenu à honneur de faire figurer à l'Exposition les produits choisis de leur industrie.

Nous devons constater un véritable désir de diriger la décoration des vases, coupes, assiettes, etc., dans une voie de perfectionnement en harmonie avec la forme et la nature des objets.

Il y a souvent encore bien des notes fausses dans ce concert d'efforts pour obtenir un résultat tout à fait satisfaisant, et trop d'exemples d'ignorance des principes de la céramique, soit par une mauvaise distribution de l'espace, soit en donnant à la partie principale du vase des effets perspectifs qui en détruisent la solidité, soit en l'ornant de fleurs ou d'objets d'un aspect réel, soit enfin en plaçant sur la panse d'un même vase une ornementation étrusque et des médaillons avec des figures et des fleurs nature.

Quant à la forme propre de la plupart des vases, on peut dire qu'il n'y a pas une grande originalité et que l'effort en ce sens a été moins complet que pour la coloration.

Presque tous les exposants ont donné des spécimens de carreaux émaillés, la plupart en faïence, mais il y en a aussi en porcelaine, et c'est à ce titre que nous les examinons, car ce sont eux qui ont permis aux décorateurs céramistes de la Grande-Bretagne d'étendre d'une manière véritablement heureuse le domaine de leur art par des compositions ayant au plus haut degré le caractère national et n'empruntant aux peintures de l'antiquité que leur disposition rationnelle.

Avant de quitter la section anglaise, jetons un coup d'œil sur la maison Doulton et Cie, dont les produits céramiques n'appartiennent pas à la matière qui nous occupe en ce moment, mais il y a parmi les objets qu'expose cette maison une telle variété de contours, un si grand choix de profils heureusement combinés, que l'on regrette, en les voyant, l'indigence relative des formes nouvelles des vases en porcelaine.

SUÈDE.

Les manufactures de porcelaines de Roistrand et celle de Gustafsberg sont les seules dont les produits appellent l'attention du visiteur.

Il est fâcheux toutefois de n'y rencontrer que des réminiscences de la céramique française, italienne ou allemande, au lieu d'un art national.

Parmi de regrettables hésitations dans le choix des tonalités et dans la division de l'espace, nous signalerons avec plaisir de grandes coupes à fond noir, avec nielles et figurines en grisaille relevées de filets d'or, d'un aspect remarquable.

Mais c'est surtout par l'excellente exécution de ses biscuits que la Suède éveille l'attention.

ITALIE.

C'est à la manufacture Ginori, fondée au commencement du siècle dernier à Doccia près Florence, que nous demanderons les seuls spécimens de porcelaine italienne exposés au Champ-de-Mars.

Il est fâcheux que, dans ces dernières années, on ait cru devoir donner une aussi grande extension à la fabrication des porcelaines à relief, à l'instar de celles de Capo di Monte.

Des vases, des buires, des candélabres, des étagères, des coffrets en porcelaine, offrent une surabondance d'éléments décoratifs encadrés par des filets d'or bruni dont l'intensité nuit à la douceur des colorations voisines.

Non-seulement les supports, bracelets et agrafes sont ornés de reliefs colorés, mais les surfaces lisses elles-mêmes nous montrent des figures ou des emblèmes en relief et peints en coloris sur fonds perpectifs.

Il y a jusqu'à des panneaux de porcelaine avec figures en relief, sur des fonds de paysages; c'est la négation de tout principe décoratif.

Si notre cadre ne nous limitait à la porcelaine, nous serions heureux de signaler les faïences colorées de cette même manufacture Ginori dont les spécimens rappellent les fabriques de Faenza, d'Urbino, etc.

JAPON.

Ici il faut s'arrêter un moment pour se préparer au sentiment d'admiration que fera éprouver la vue des remarquables et nombreux spécimens qui sont réunis dans cette section. L'esprit a besoin de se recueillir avant de prendre une direction et commencer cet examen.

Dans l'impossibilité où nous sommes de décrire chacune de ces œuvres, presque toutes remarquables, signalons au hasard, nous serons certains de découvrir de belles choses.

Commençons par un grand vase fond blanc, orné de végétation bleue, et dont le couvercle, le col, les épaules et la base de la panse sont ornés de bracelets et de bandelettes blanches en relief; magnifique produit de la manufacture d'Okayama.

Plus loin, les fabriques de Tokio nous offrent des vases allongés, fond blanc, avec feuillage nature formant comme un réseau qui les enveloppe dans une grande harmonie multicolore; des vases à la panse rebondie et de couleur noire avec ornements bleu-verdet et garnis de bronzes en relief; des coupes, des cornets, des plats fond noir ornés d'une végétation sertie de cloisonné.

Sur le marli bleu-turquoise de ces plats se dessinent des groupes de grues blanches qui se poursuivent avec tout le charme de leur vol capricieux.

La manufacture d'Arita, département d'Hizen, nous offre, entre autres produits intéressants, deux grands plats fond blanc avec végétation camaïeu bleu. Ce sont de véritables panneaux circulaires où la tempête tord et retourne chaque feuille en formant des silhouettes ornementales. Il y a dans ces panneaux une vigueur, une entente du mouvement qui commandent l'admiration.

Voici un autre vase de la même manufacture : il a la panse opulente, le fond rouge tacheté de médaillons blancs avec petites figures d'un rouge plus léger et rehaussées d'or, le col, les anses et la base fond bleu avec rehaussé, et ce tout forme un ensemble parfait.

Parmi les envois de la manufacture de Koramha, province d'Hizen, on remarque deux vases blancs avec oiseaux et feuillage camaïeu bleu doux, tandis que le col et la base sont d'un camaïeu bleu foncé.

Plus loin, des vases fond bleu avec fleurs d'or.

Les produits de Tokio accusent quelquefois un manque de vigueur dans la couleur et les linéaments de l'ornementation. Heureusement ce sont de rares exceptions.

Nous blâmerons aussi des vases au fond gris d'une grande finesse, sur lesquels des oiseaux dessinent leur vol lointain.

Des flots et quelques plantes marines occupent la base, mais cet aspect des plus satisfaisants est gâté par l'appoint de grands pilotis plantés sur le rivage, espèces de troncs dont les rugosités et le ton lourd sont en désaccord et hors d'échelle avec la douceur des colorations voisines.

Un autre vase, dont la couleur légère est coupée en diagonale par une ancre monstrueuse d'un relief hors de proportion et qui l'enveloppe comme un serpent de ses spirales raboteuses.

Nous voyons des vases dont la panse est emprisonnée par un réseau imitant l'osier, avec des végétations parasites en relief; ici l'écart est complet, ce n'est plus de la céramique, c'est du réalisme dans sa brutale naïveté.

Laissons ces ombres pour retourner à l'éclat d'un beau vase fond blanc laiteux avec des ornements rouges et or d'un grand caractère, nous offrant dans la partie supérieure de son col et dans sa base un des exemples les plus réussis de la distribution de l'espace.

Tout auprès, un vase en forme de gourde, fond or, avec des figures violettes et vertes sur sa double panse, présente une savante harmonie.

Voici un autre vase d'une forme élégante fond blanc; des oiseaux camaïeu bleu se partagent la partie supérieure de la panse et dans les flots qui couvrent l'autre partie nagent des poissons dessinés dans un sens très-décoratif.

Un autre vase nous montre un effet d'eau très-étudié : à travers des flocons d'écume qui constellent sa panse, des poissons, d'un dessin tout à fait supérieur, nagent avec une vérité trop réelle, puisqu'elle va jusqu'à reproduire les contours fuyants et estompés de la perspective et annule ainsi l'effet véritablement grand de ce bel objet.

Des flots enserrent la panse de deux autres vases de leurs mouvants replis. Le ciel et la terre se confondent dans une même tonalité sourde ; des flocons de neige ou de larges grêlons fouettent les vagues et forment un jeu de fond vibrant au travers duquel la mer apparaît. Vagues et grêlons sont savamment agencés; la forme ornementale donnée aux éléments de cette scène de la nature en fait une œuvre décorative tout à fait hors ligne.

Citons aussi deux vases noirs cloisonnés d'écailles d'argent, sur lesquels des oiseaux et des serpents se partagent l'intérêt de la panse qui a pour anses deux libellules aux ailes abaissées.

Notons en passant, mais sans l'approuver, un vase oblong ajouré d'un réseau trop large pour sa grandeur.

Nous ne terminerons pas cet article sans signaler une tendance malheureuse à vouloir sortir d'une ornementation conventionnelle qui emprunte à la nature la base de ses productions avec un tact infini, tendance qui voudrait imiter servilement et qui ferait ainsi descendre le Japon du magnifique sommet où il est encore placé.

CHINE.

La Chine doit avoir une part dans les éloges adressés aux pays d'extrême Orient qui ont encore le bonheur d'avoir des traditions d'art et de fabrication, et la manufacture impériale de Kingtech-Chús fait de louables efforts pour soutenir une réputation huit fois séculaire.

Les grands vases décoratifs en émaux cloisonnés montrent le résultat d'une harmonie savante où les tons le plus divers se confondent sans se heurter jamais, tamponnés qu'ils sont par le fin réseau de cuivre qui les sépare et les relie tout à la fois.

Les formes des vases et des cornets ne varient jamais; elles ont toujours une élégance contenue, leur aspect est généralement monochrome. Le ton du fond couvre souvent l'objet tout entier ou de riches combinaisons de feuillages et d'animaux lui donnent une unité de coloration qui est le caractère propre de la céramique chinoise et l'un de ses principaux mérites.

Nous remarquerons certains vases fond jaune-citron, avec des fleurs d'une facture conventionnelle bien comprise, d'autres vert-bleu non vibrant ou de ce beau rouge-flamme dont nous recherchons encore le secret; et ces grandes potiches, fond blanc laiteux, aux fleurs camaïeu bleu d'une réussite toujours parfaite comme harmonie locale.

Cependant les nombreux spécimens de cette immense production ne provoquent pas l'enthousiasme que font éprouver les vieilles porcelaines de la Chine.

On croit remarquer une certaine lassitude dans la recherche de la perfection.

Il semble qu'on entende pour la dixième fois un discours dans lequel l'orateur a tout dit et ne laisse rien à deviner aux auditeurs.

La Chine est-elle destinée à se recopier continuellement ou à déchoir de son antique réputation?

AUTRICHE.

La maison Fischer et Mieg, manufacture de porcelaine privilégiée impériale et royale de Pirkemanner près Carlsbad (Bohême), nous montre des services blancs et bleus d'une très-belle tonalité et d'une exécution parfaite. Entre le fond blanc et le marli bleu de ces divers objets, des guirlandes de feuillage en or, très-discrètement placées, forment une heureuse transition.

Nous remarquerons un grand vase d'un bleu très-beau, avec ornementation formée d'oiseaux et de tiges en or et en argent, très-bien distribuée; il est à regretter que la base soit ornée de reliefs imitant une garniture de bronze, tandis qu'elle est en porcelaine et ne fait qu'un avec le vase qu'elle supporte.

La maison Schmid nous offre des objets d'une grande pureté de formes, mais les figures peintes dans le fond des assiettes ne sont pas contenues dans leur cadre et débordent sur le marli.

La maison Lobmeyr (de Vienne) montre un vase décoratif fond d'or d'une forme alourdie et d'une ornementation trop soignée.

La maison Heroud (Hongrie), de fondation assez récente, offre une fabrication des plus variées; mais la décoration est en général surabondante.

SUISSE.

Dans la Suisse, il n'y a rien à signaler que ses faïences couvertes de fleurs alpestres sur fond vigoureux.

BELGIQUE.

La Belgique n'a également que des faïences. Celles de la maison Boch peuvent être mentionnées, mais ne rentrent pas dans le cadre de ce rapport.

DANEMARK.

La manufacture royale de Copenhague expose des produits de sa fabrication datant de 1785, parmi lesquels on remarque des services ornés de fleurs et de fruits d'une disposition et d'une coloration très-fermes qui rappellent bien le caractère de l'époque Louis XVI dans le nord de l'Europe.

GRAND-DUCHÉ DE LUXEMBOURG.

Dans le grand-duché de Luxembourg, nous remarquons des services céladon et blanc d'une bonne exécution.

PORTUGAL ET PAYS-BAS.

Le Portugal et les Pays-Bas n'exposent en céramique que des faïences qui par leur nature échappent à cet examen.

CONCLUSIONS.

Après ce coup d'œil jeté sur l'ensemble des produits de la Manu-facture nationale de Sèvres et sur les produits similaires des sections française et étrangères, constatons avec bonheur la vitalité, timide encore, mais pleine de promesses de l'art céramique, et les efforts tentés par les artistes de tous les pays pour le tirer du chemin vicieux dans lequel il semblait engagé depuis près d'un siècle.

Chacun a enfin compris qu'en ne tenant plus compte des lois pri-mordiales de toute décoration le génie lui-même erre au hasard comme un navire sans boussole.

Les regards se sont tournés instinctivement vers les pays de l'ex-trême Orient qui n'ont pas encore abandonné les traditions de l'art décoratif.

A Sèvres, ces préoccupations ont déjà produit d'excellents résultats qui deviendront meilleurs encore lorsque les artistes se seront bien pénétrés que dans la céramique les éléments naturels qui con-courent à l'ornementation des vases ne doivent jamais être copiés, mais seulement interprétés suivant certains principes qui les soudent et les fondent, pour ainsi dire, avec la matière qu'ils doivent orner; que c'est la question d'ensemble autant que la perfection du détail qu'il convient d'envisager, et que les objets même de moindre dimen-sion, outre qu'ils ont l'avantage de répondre à nos besoins, sont sus-ceptibles aussi d'exciter l'émulation et de mériter les suffrages du public. C'est ce public qui, en présence d'un si grand nombre de vases de toutes dimensions, a manifesté son étonnement de ne pas rencontrer des services complets, soit en porcelaine blanche, soit en porcelaine décorée, car nous ne parlerons du service en porcelaine tendre orné de figures sur fond de paysages, service exposé sous le n° 131, que pour en proscrire la reproduction. Il y a là une lacune regrettable à combler; le commerce réclame et attend des modèles de la Manufacture nationale de Sèvres.

Les grandes pièces répondent à des besoins moins impérieux, tandis que les modèles de services de table, de dessert, thé, etc....., blancs ou dorés discrètement, serviraient de types à l'industrie privée et feraient pénétrer dans chaque habitation des formes étudiées et de bon goût. On ne saurait trop insister sur ce point.

Si nous nous reportons à l'impression produite par l'ensemble des pièces capitales exposées au Champ-de-Mars, nous constaterons que les délimitations de l'espace ont encore laissé à désirer dans certains vases; nous exprimerons aussi le regret que des pièces apportées tardivement n'aient pas tout d'abord été soumises à l'examen de la commission.

Nous avons déjà eu plusieurs fois l'occasion de redire dans quelles conditions les fleurs (qui par leur nature même sont des éléments décoratifs par excellence) doivent être reproduites en évitant l'aspect réel, quel que soit le charme qui puisse en résulter pour les yeux au point de vue de l'exécution, pour ne revêtir qu'un aspect d'interprétation essentiellement ornemental tant pour les silhouettes que pour les colorations.

Au reste, les réflexions que cet examen nous suggère ne sont que le reflet des principes contenus dans le rapport adressé à M. le Ministre, en 1875, par M. Duc au nom de la Commission de perfectionnement, et à la lecture approfondie duquel nous ne saurions trop rappeler tous ceux qui s'occupent de décoration céramique.

En ce qui concerne les pâtes appliquées, nous dirons que leur emploi doit être réservé pour les places nobles du vase, et ne pas couvrir indifféremment toutes les parties de la surface. Elles doivent être mises en honneur comme le serait un médaillon ou une ornementation circonscrite par sa nature et bien placée en évidence; car si les pâtes colorées enveloppent tout le vase, on obtient un résultat analogue à celui de la barbotine sur faïence; or ce qui est blâmable dans celle-ci, à plus forte raison ne doit pas être encouragé dans celle-là.

Nous ne terminerons pas ces observations sur les pâtes colorées sans faire remarquer que leur application n'a pas donné à l'Exposition universelle tous les résultats qu'on en pouvait attendre. Cela tient d'une part au ton maladif des fonds rosés mauves et gris-verdet sur lesquels les pâtes ne peuvent se détacher avec assez de franchise, et ensuite à l'emploi de l'émail transparent qui recouvre les pâtes dans une proportion plus ou moins abondante.

Employé trop épais, cet émail noie toutes les finesses que l'artiste a obtenues avec tant de difficultés; il reflète brutalement la lumière et empêche le regard de juger aussi bien de l'ensemble que du détail.

Ce grave inconvénient a été très-remarqué dans les belles compositions du vase des *Éléments* exécutées par M. Gobert avec une entente cependant si complète du procédé des pâtes. Ses deux frises élégantes avaient excité l'admiration unanime de la commission avant qu'elles n'eussent reçu l'émail transparent qui a amoindri toute leur délicatesse.

Certes, chacun de nous a trop à cœur le succès de la Manufacture nationale de Sèvres pour ne pas être désireux de hâter le moment où ses chimistes l'auront enfin dotée d'une palette au grand feu plus riche et plus puissante et où l'emploi de l'émail transparent, mieux réglé, ne compromettra plus les travaux de ses premiers artistes.

Le désir bien légitime de voir se maintenir et s'élever encore notre premier établissement de porcelaine nous amène à donner place dans ce rapport aux judicieuses observations d'un membre de la Commission de perfectionnement des plus compétents en céramique, M. T. Deck :

« La porcelaine, dit-il, par sa nature et par le feu qu'elle subit est « une matière précieuse. Elle doit garder ce caractère distinctif dans « toutes ses parties. C'est à cause de ses qualités de dureté et de trans- « parence qu'elle a une supériorité sur toutes les autres espèces de « poteries. Cependant la porcelaine peut perdre cette qualité de *pré- « cieux* quand on la recouvre d'une couche opaque qui la masque « entièrement.

« Les belles qualités de la céramique n'ont pas toujours été inter- « prétées à leur juste valeur à la Manufacture de Sèvres. Les couleurs « franches y font parfois défaut, et là où doivent briller toutes les

« qualités des émaux, il n'y a souvent que des tons tristes et douteux.
« Ainsi l'engobage des pièces par une pâte colorée y joue un trop
« grand rôle ; cette pratique est défectueuse, car elle ne produit
« aucune transparence ni aucune profondeur et rend les tons lourds
« et d'une couleur désagréable. Il en serait tout autrement si l'on
« enduisait les pièces d'une matière ou d'un émail transparent sur
« lequel on pourrait appliquer les pâtes colorées.

« Après la cuisson, le fond serait transparent et laisserait sentir
« encore la matière précieuse sur laquelle il est appliqué et doit
« vibrer. La décoration prendrait du corps et de la fermeté, et les pâtes
« opaques joueraient alors leur véritable rôle. »

Après ces réflexions, qui résument les demandes les plus légitimes
adressées à la direction de la Manufacture de porcelaine de Sèvres,
nous dirons, en terminant, un mot sur les montures en bronze qui
accompagnent les vases, et nous insisterons pour que leur emploi
soit aussi limité que possible et seulement autorisé en tant qu'acces-
soire et ne faisant pas partie intégrale des vases.

Quant aux socles ou pieds-douches, ils ne doivent jamais être en
porcelaine ni même formés d'une matière précieuse qui paraîtrait
lutter en un point avec l'objet exposé. Ce ne sont, à proprement parler,
que des supports ou coussins indépendants des vases et destinés seulement à les mettre en honneur.

Toutes ces observations s'appliquent également aux produits de
la section française ainsi qu'à ceux de l'Autriche, de la Suède, de
l'Italie, et pour une large part à ceux de l'Angleterre. Disons que
cette dernière a eu souvent le mérite de comprendre qu'en céramique le caractère consiste dans l'interprétation intelligente des
éléments naturels constitutifs de tout art ornemental.

Les principes énoncés plus haut trouvent leur application toute
faite dans l'exposition de la Chine et dans celle du Japon dont les
vases revêtent bien pour la plupart cette interprétation raisonnée
qui n'exclut jamais le charme de l'invention et dont la libre allure
ne laisse même pas soupçonner les rigueurs d'une règle opportune.
L'esprit et le bon sens y sont en parfait accord.

Que chacun se pénètre bien de ces vérités fondamentales et

qu'instruit par des exemples si nombreux, il se fasse une loi de leur application, tout en conservant son caractère et son sentiment propre avec un soin jaloux.

Je vous prie, Monsieur le Ministre, de vouloir bien agréer l'hommage de mon profond respect.

Ch. LAMEIRE.

ANNEXES

PORCELAINES EXPOSÉES PAR LES MANUFACTURES NATIONALES

——◦◦⁘◦◦——

Manufacture nationale de Sèvres.

PORCELAINE DURE.

PORCELAINES A FONDS SOUS COUVERTE, SANS DÉCORATION NI DORURE.

1. *Vase de Neptune* (1re grandeur).

   Forme de M. Nicolle ; fond vert-bleu par engobe ; anses d'après les modèles de M. Briffaut. — Hauteur, 3^m,15 ; diamètre, 1^m,17.

2. *Vase de Fulvy* (ancien modèle).

   Fond bleu ; figures en biscuit, d'après les modèles de M. Larue. Guirlandes d'après M. Dammouse. — Hauteur, 1^m,95 ; diamètre, 0^m,72.

186. *Vase Cordelier* (1re grandeur).

   Fond bleu lapis ; monture en bronze doré d'après les modèles de M. Larue. — Hauteur, 1^m,76 ; diamètre, 0^m,78.

3. *Vase Brongniart* (1re grandeur).

   Fond bleu lapis ; bronzes d'après les modèles de M. Larue. — Hauteur, 1^m,88 ; diamètre, 0^m,78.

4. *Vase Mayeux.*

   Composition par M. Mayeux. Vase destiné au Musée du Louvre, ayant remporté le prix de Sèvres au concours de 1875. Fond vert bleuâtre, gravé par M. Archelais ; ornements en relief et bronzes, par M. Briffaut. — Hauteur, 1^m,27 ; diamètre, 0^m,70.

5. *Vase de la jeunesse.*

   Modèle de M. Carrier-Belleuse ; fond céladon ; enfants sculptés par M. Larue ; ornements en relief par M. Briffaut.

6. *Vase de Nîmes.*

   Fond bleu lapis ; bronzes exécutés sur les modèles de feu Tranchant, d'après les dessins de M. Diéterle. — Hauteur, 1^m,45 ; diamètre, 0^m,65.

7. *Deux vases carafe étrusque* (1re grandeur).

Fond bleu lapis ; anses en bronze exécutées d'après les modèles de feu Lambert. — Hauteur, 1^m,04 ; diamètre, 0^m,40.

8. *Coupe ovale.*

Forme de M. E. Renard ; fond bleu lapis ; monture en bronze exécutée d'après les modèles de M. Briffaut. — Hauteur, 0^m,65 ; longueur, 0^m,65.

9. *Deux coupes à torsades* (ancien modèle).

Fond bleu turquoise. — Hauteur, 0^m,55 ; diamètre, 0^m,43.

10. *Jardinière Diéterle.*

Fond bleu lapis ; pièce coulée par M. E. Renard. — Hauteur, 0^m,91 ; longueur, 1^m,20.

PORCELAINES PEINTES AU GRAND FEU, OU A FONDS SOUS COUVERTE REHAUSSÉS D'OR.

11. *Quatre vases potiche* (3e grandeur).

Fond blanc vermiculé : *Plantes, feuillages et insectes ;* composition et exécution en bleu, au grand feu, par M. Ficquenet. — Hauteur, 0^m,68 ; diamètre, 0^m,22.

185. *Deux vases potiche chinois* (2e grandeur).

Fleurs et plantes ; composition et exécution en bleu, au grand feu, par M. Ch. Ficquenet. — Hauteur, 0^m,86 ; diamètre, 0^m,33.

12. *Vase potiche* (3e grandeur).

Composition et exécution en bleu, au grand eu, rehaussé d'or, par M. C. Ficquenet. — Hauteur, 0^m,68 ; diamètre, 0^m,22.

12 *bis. Vase Cordelier* (1re grandeur).

Coulé par M. Delacour ; décor de plantes, feuillages et ornements, composé et peint sous couverte, par M. C. Ficquenet. — Hauteur, 1^m,76 ; diamètre, 0^m,78.

189. *Deux vases Clodion à têtes de satyres.*

Plantes et oiseaux ; composition et peinture en bleu, au grand feu, par M. Émile Richard. — Hauteur, 0^m,40 ; diamètre, 0^m,19.

13. *Vase potiche* (1re grandeur).

Fond gris de platine : *Camélias et fougères ;* composition et exécution en couleurs, au grand feu, par M. C. Cabau. — Hauteur, 1^m,30 ; diamètre, 0^m,50.

14. *Deux vases Duplessis.*

Fond jaspé, bleu et vert ; ornements en relief par M. Briffaut ; dorure de M. G. Derichsweiler. — Hauteur, 1^m,25 ; diamètre, 0^m,70.

15. *Vase Chéret.*

Destiné au foyer de l'Opéra et ayant remporté le prix au concours du prix de Sèvres, en 1876. Fond céladon ; sculptures exécutées : la figure du couronnement par M. Forgeot, les masques par M. T. Doat, les frises d'enfants par M. Laureau, et les ornements par MM. Roger et Legay. — Hauteur, 1^m,30 ; diamètre, 0^m,90.

16. *Vase hollandais.*

Forme de M. Bracquemond ; fond bleu lapis ; décoration en or, par M. Blanchard, d'après les dessins de M. E. Renard. — Hauteur, $0^m,67$; diamètre, $0^m,48$.

17. *Deux vases Clodion.*

Fond bleu ; décoration en or, par M. Latache, d'après les dessins de M. E. Renard. — Hauteur, $0^m,68$; diamètre, $0^m,40$.

18. *Vase Ly.*

Fond bleu ; décoration en or chinois, par M. G. Derichsweiler. — Hauteur, $0^m,31$; diamètre, $0^m,15$.

19. *Vase de Nîmes.*

Fond verdâtre moucheté, au grand feu : *Pavots et pivoines ;* composition et peinture, au grand feu, par M. C. Cabau ; anses exécutées d'après les modèles de M. Roger. — Hauteur, $1^m,40$; diamètre, $0^m,66$.

20. *Coupe d'Urbino* (1re grandeur).

Destinée à être donnée en prix aux sociétés colombophiles. Composition et exécution en or chinois, par M. É. Belet. — Hauteur, $1^m,40$; diamètre, $0^m,66$.

21. *Deux bassins chinois.*

Ornements repercés à jour et rebouchés à l'émail transparent ; frise décorative en bleu au grand feu, rehaussé d'or. — Hauteur, $0^m,18$; diamètre, $0^m,23$.

22. *Deux jattes à déjeuner.*

Repercées et rebouchées à l'émail transparent ; modèle de feu Peyre ; décoration de style japonais, au grand feu, sur fond jaune et blanc, par M. O. Milet. — Hauteur, $0^m,08$; diamètre, $0^m,18$.

23. *Cabaret Dimère.*

Fond bleu lapis ; décoration imprimée et reprise en or en relief, d'après les dessins de M. E. Renard.

24. *Cabaret ovoïde.*

Fond bleu lapis ; décoration imprimée en or.

214. *Service à café chinois réticulé.*

Décor en bleu rehaussé d'or, par M. Gérard Derichsweiler.

PORCELAINES DÉCORÉES PAR LE PROCÉDÉ DES PATES D'APPLICATION.

25. *Vase des Éléments.*

Forme de M. Carrier-Belleuse ; fond gris changeant : *Les Éléments ;* composition et exécution en pâte blanche, par M. Gobert ; bronzes exécutés d'après les modèles de MM. Larue, Doat et Roger. — Hauteur, $1^m,15$; diamètre, $0^m,62$.

183. *Vase de Nîmes.*

Forme de M. Diéterle ; *Figures et ornements ;* composition et exécution en pâtes blanche et colorées, par M. Gobert. — Hauteur, $1^m,40$; diamètre, $0^m,32$.

26. *Deux vases Clodion.*

Fond jaspé : *Les Quatre saisons ;* composition et exécution en pâte blanche, par M. Gobert, dorure de M. Réjoux. — Hauteur, 0^m,75 ; diamètre, 0^m,38.

27. *Vase Clodion.*

Fond bleu : *La Balançoire ;* composition et exécution en pâte blanche, par M. Gobert. — Hauteur, 1^m,68 ; diamètre, 0^m,38.

28. *Vase potiche* (2e grandeur).

Fond gris : *Les Moucherons ;* composition et exécution en pâte blanche, par M. Gobert ; décoration en or et en couleurs, par M. Réjoux. — Hauteur, 1^m,01 ; diamètre, 0^m,40.

249. *Vase Brongniart* (1re grandeur).

Le Génie des Arts ; composition et exécution en pâtes colorées sur fond jaune, par M. Barriat. — Hauteur, 1^m,88 ; diamètre, 0^m,78.

29. *Vase de Neptune* (2e grandeur).

Fond rose changeant : *Cortége antique ;* composition et exécution en pâte blanche, par M. Larue ; décoration de M. Lucas, d'après les dessins de M. P. Avisse. — Hauteur, 1^m,45 ; diamètre, 0^m,45.

184. *Deux vases Socibius.*

Course de chevaux ; composition et exécution en pâte blanche, par feu Hyacinthe Regnier. Décoration et peinture, au demi-grand feu, par M. David. — Hauteur, 0^m,80 ; diamètre, 0^m,40.

30. *Vase d'Hercule.*

Composition de la forme et de la décoration par M. Lameire. *Les Travaux d'Hercule ;* exécution en pâte blanche, par M. Dammouse, d'après M. Lameire. — Hauteur, 1^m,32 ; diamètre, 0^m,68.

31. *Vase de la céramique.*

Composition de la forme et de la décoration par M. Nicolle ; fond rose changeant : *Les Travaux céramiques ;* composition de M. Larue, exécutée en pâte blanche, par M. Laureau. — Hauteur, 0^m,90 ; diamètre, 0^m,50.

32. *Deux vases amphore.*

Fond vert : *L'Air ;* figures composées par M. Froment, exécutées en pâte blanche, par M. Archelais ; décoration en or de M. Réjoux, d'après les dessins de M. E. Renard ; pied en bronze composé par M. Roger. — Hauteur, 1^m,42 ; diamètre, 0^m,32.

181. *Deux vases potiche* (3e grandeur).

Figures en pâte blanche sur fond verdâtre, par M. Archelais. — Hauteur, 0^m,68 ; diamètre, 0^m,22.

182. *Deux vases potiche* (3e grandeur).

Figures en pâte blanche sur fond verdâtre, par M. Archelais. — Hauteur, 0^m,68 ; diamètre, 0^m,22.

33. *Vase de Nîmes.*

Forme de M. Diéterle : *Paix, étude, travail ;* composition et exécution en pâtes colorées, par M. Barriat. — Hauteur, 1^m,40 ; diamètre, 0^m,66.

34. *Deux vases potiche ovoïde* (1re grandeur).

Exécution des ornements par M. Guillemain, d'après les dessins de M. P. Avisse ; composition et exécution des figures en pâte blanche, par M. T. Doat.

35. *Vase de la Musique.*

Modèle composé par M. P. Avisse ; fond céladon ; figures en pâtes colorées, par M. P. Avisse ; ornements en relief et bronzes, par M. Briffaut.

36. *Vase cylindre.*

Forme de M. Carrier-Belleuse. *Fleurs ;* composition et exécution en pâtes colorées, par M. Bulot.

37. *Vase d'Entrecolles* (2e grandeur).

Perroquets et fuchsias ; composition et exécution en pâtes colorées, par M. Bulot. — Hauteur, 0m,44 ; diamètre, 0m,39.

38. *Vase de Salamine.*

Capucines ; composition et exécution en pâte bleu persan, par M. Bulot. — Hauteur, 0m,63 ; diamètre, 0m,54.

39. *Deux vases potiche* (2e grandeur).

Fond gris de platine : *Oiseaux, roses et fougères ;* composition et exécution en pâtes colorées reprises en peinture au demi-grand feu, par M. E. Belet. — Hauteur 1m,01 ; diamètre, 0m,40.

40. *Vase de la Vendange.*

Les Roses ; composition et exécution en pâtes colorées reprises en peinture au demi-grand feu, par M. H. Lambert. — Hauteur, 1 mètre ; diamètre, 0m,38.

41. *Deux vases cornet* (2e grandeur).

Fond gris de platine nuancé ; composition et exécution en pâtes colorées reprises en or et peintures au demi-grand feu, par M. H. Lambert. — Hauteur, 0m,80 ; diamètre, 0m,40.

42. *Vase caisse à fleurs.*

Pigeons, glycines et acacias ; composition et exécution en pâte blanche peinte au demi-grand feu, par M. H. Lambert. — Hauteur, 0m,45 ; diamètre, 0m,52.

43. *Vase potiche* (2e grandeur).

Fond gris de platine nuancé ; décoration de style japonais ; composition et exécution en pâtes colorées, par M. P. Avisse. — Hauteur, 0m,96 ; diamètre, 0m,28.

44. *Vase caisse à fleurs.*

Geai et sorbier ; composition et exécution en pâtes colorées sur fond jaune au demi-grand feu, par M. P. Avisse. — Hauteur, 0m,45 ; diamètre, 0m,52.

45. *Vase cylindre.*

Forme de M. Carrier-Belleuse : *Paris ;* composition de Mme Escalier, exécutée en pâtes colorées, par M. J. Célos.

46. *Vase cornet.*

Fleurs de pommier ; composition de Mme Escalier, exécutée en pâtes colorées, par M. J. Célos. — Hauteur, 0m,80 ; diamètre, 0m,40.

47. *Vase de Salamine.*

Martins-pêcheurs et nénuphars; composition de Mme Escalier, exécutée en pâtes colorées, par M. J. Célos. Hauteur, 0^m, 63; diamètre, 0^m,54.

176. *Vase de Salamine.*

Chiens courants; cartel exécuté en pâte blanche sur fond vert par M. J. Célos. — Hauteur, 0^m,63; diamètre, 0^m,54.

48. *Vase Cordelier* (1re grandeur).

Ancien modèle; fond gris damassé: *Pavots et pivoines;* composition et exécution en pâte bleue, par M. Ficquenet. Hauteur, 1^m,76; diamètre, 0^m,78.

49. *Vase carafe étrusque* (1re grandeur).

Fond bleu: *L'hiver;* fleurs et oiseaux composés et exécutés en pâte blanche reprise en bleu au grand feu, par M. E. Richard. — Hauteur, 1^m,04; diamètre, 0^m,40.

50. *Deux vases Bertin* (1re grandeur).

Fond rose changeant: *Glycines, églantines et marguerites;* composition et exécution en pâtes blanche et colorées, par M. L. Gély. — Hauteur, 1^m,11; diamètre, 0^m,54.

51. *Deux vases Bertin à têtes d'éléphants* (1re grandeur).

Fond verdâtre: *Paons et fleurs;* composition et exécution en pâtes blanche et colorées, par M. L. Gély. — Hauteur, 1^m,11; diamètre, 0^m,54.

52. *Deux vases Bertin* (1re grandeur).

Oiseaux et roses trémières; composition et exécution en pâtes colorées, par M. L. Gély. — Hauteur, 1^m,11; diamètre, 0^m,54.

177. *Deux vases potiche* (3e grandeur).

Fleurs, fruits et papillons; composition et exécution en pâtes colorées, par M. E. Gély. — Hauteur, 0^m,68; diamètre 0^m,22.

180. *Deux vases potiche* (3e grandeur).

Fleurs et oiseaux; composition et exécution en pâtes colorées, sur fond jaune, par M. Dammouse; reprise en couleurs au demi-grand feu par M. Lambert. — Hauteur, 0^m,68; diamètre, 0^m,22.

187. *Vase potiche* (3e grandeur).

Oiseaux et glaïeuls; composition et exécution en pâtes colorées sur fond bleuté, par M. L. Gély. — Hauteur, 0^m,68; diamètre, 0^m,22.

53. *Vase d'Entrecolles* (1re grandeur).

Oiseaux et poissons; composition et exécution en pâtes colorées, par M. L. Gély; peinture au demi-grand feu et dorure, par M. Lambert.

54. *Vase d'Entrecolles* (2e grandeur).

Fond gris de platine: *Pivoines bleues;* composition et exécution en pâtes colorées, par M. C. Ficquenet.

55. *Deux vases Clodion à têtes de satyres.*

Fond céladon; composition et exécution en pâtes colorées, par M. L. Gély. — Hauteur, 0^m,40; diamètre 0^m,19.

56. *Deux vases Peyre.*

Fond rose; décoration en pâtes blanche et colorées, par M. L. Gély; dorure de M. Réjoux. —Hauteur, 0m41; diamètre, 0m,16.

57. *Deux vases à épis.*

Modèle ancien, par Duplessis : *Fables de la Fontaine;* exécution en pâtes blanche et colorées, par M. L. Gély. — Hauteur, 0m,43; diamètre, 0m,32.

58. *Deux vases de Nevers.*

Fleurs et oiseaux; composition et exécution en pâtes colorées, par M. L. Gély; décoration en or, par M. Réjoux. — Hauteur, 0m,42; diamètre, 0m,45.

190. *Vase caisse à fleurs.*

Fleurs et oiseaux; composition et exécution en pâtes blanche et colorées, par M. L. Gély. — Hauteur, 0m,45; diamètre, 0m,52.

191. *Vase antique chinois.*

Fleurs et fruits; composition et exécution en pâtes blanche et colorées, par M. L. Gély. — Hauteur, 0m,34; diamètre, 0m,15.

192. *Quatre vases antiques chinois.*

Fleurs; composition et exécution en pâtes colorées, par M. Bulot. — Hauteur, 0m,34; diamètre, 0m,15.

59. *Vase bouteille persane* (2e grandeur).

Fond vert; composition et exécution en pâtes colorées, par M. L. Gély; décoration en or, par M. David. — Hauteur, 0m,31; diamètre, 0m,14.

60. *Deux vases potiche* (3e grandeur).

Oiseaux et houblon; composition et exécution en pâte blanche sur fond jaune au demi-grand feu, par M. Dammouse. — Hauteur, 0m,68; diamètre, 0m,22.

61. *Deux vases Boizot* (1re grandeur).

Enfants; décoration en pâte blanche, par M. Dammouse. — Hauteur, 0m,39; diamètre, 0m,14.

62. *Vase di Milo.*

Décoration en pâte blanche, par M. Dammousse. — Hauteur, 0m,32; diamètre, 0m,18.

63. *Vase antique chinois.*

Fond noir; figure d'après Prud'hon, exécutée en pâte blanche par M. Damousse et reprise en or au procédé Réjoux, par M. Derichsweiler. — Hauteur, 0m,34; diamètre, 0m,15.

64. *Deux vases d'Entrecolles* (2e grandeur).

Décor chinois en pâtes reprises en or et en couleurs au demi-grand feu, par M. G. Derichsweiler, d'après les dessins de M. E. Renard. — Hauteur, 0m,44; diamètre, 0m,39.

179. Deux vases Clodion.

Ornements en pâte blanche, par M. J. Célos. — Hauteur, 0m,75; diamètre, 0m,38.

65. *Deux vases Peyre.*

Fond rose changeant; décoration en pâte blanche; par M. J. Célos. — Hauteur, 0m,41; diamètre, 0m,16.

66. *Deux vases Boizot.*

Fond rose changeant; décoration en pâte blanche, par M. Archelais. — Hauteur, 0ᵐ,38; diamètre, 0ᵐ,15.

188. *Deux vases Boizot* (2ᵉ grandeur).

Fond rose changeant; décoration *d'attributs* en pâte blanche, par M. Archelais. — Hauteur, 0ᵐ,38; diamètre, 0ᵐ,14.

67. *Vase potiche de Saint-Cloud.*

Fond rose; décoration en pâtes blanche et colorées, par M. Archelais. — Hauteur, 0ᵐ,36; diamètre, 0ᵐ,14.

68. *Deux vases bouteille mince.*

Fond céladon clair; décorations en pâtes colorées, par M. Guillemain.

178. *Deux vases potiche ovoïde.*

Décoration de fleurs en pâte blanche, par M. J. Célos. — Hauteur, 0ᵐ,34; diamètre, 0ᵐ,13.

69. *Vase caisse à fleurs.*

Décorations de style persan; composition et exécution en pâtes colorées sur fond jaune au demi-grand feu, par M. A. Blanchard; dorure par M. G. Derichsweiler. — Hauteur, 0ᵐ,45; diamètre, 0,52.

70. *Vase potiche ovoïde.*

Fond bleu et gris de platine; décoration en pâte blanche, par M. A. Blanchard. — Hauteur, 0ᵐ,34; diamètre, 0ᵐ,13.

71. *Trois vases bouteille persane* (1ʳᵉ grandeur).

Décoration en pâtes blanche et colorées, par M. A. Blanchard. — Hauteur, 0ᵐ, 54; diamètre, 0ᵐ,23.

72. *Cinq vases bouteille persane* (1ʳᵉ grandeur).

Décoration en pâtes colorées, par M. A. Blanchard. — Hauteur, 0ᵐ,54; diamètre, 0ᵐ,23.

73. *Quatre vases bouteille persane* (2ᵉ grandeur).

Décoration en pâtes colorées, par M. A. Blanchard. — Hauteur, 0ᵐ,32; diamètre, 0ᵐ,14.

74. *Quatre vases bouteille persane* (2ᵉ grandeur).

Décoration en pâtes colorées, par M. Blanchard. — Hauteur, 0ᵐ,32; diamètre, 0ᵐ,14.

75. *Deux vases bijoux.*

Décoration en pâtes blanche et colorées, par M. Guillemain.

76. *Coupe ovale Ducerceau.*

Fond turquoise, *Vénus et l'Amour;* figures en pâte blanche, par M. Dammouse, reprises en or au procédé Réjoux, par M. G. Derichsweiler. — Hauteur, 0ᵐ,46; longeur, 1 mètre.

77. *Deux coupes Renaissance.*

Fond verdâtre granité; rinceaux et ornements composés et exécutés en pâte blanche, par M. Briffaut. — Hauteur, 0ᵐ,43; diamètre, 0ᵐ,29.

78. *Coupe de Rivoli* (2ᵉ grandeur).

Fond noir : *Cartels d'enfants ;* exécution en pâte blanche, par M. Dammouse. — Hauteur, 0ᵐ,24 ; diamètre, 0ᵐ,20.

79. *Coupe de Rivoli* (1ʳᵉ grandeur).

Frise d'enfants ; exécution en pâte blanche, par M. Dammouse. — Hauteur, 0ᵐ,38 ; diamètre, 0ᵐ,47.

80. *Coupe réticulée à pied dauphin.*

Modèle de feu A. Lambert ; application de pâtes par M. Dammouse ; peinture des fleurs et oiseaux par M. E. Belet.

81. *Coupe Henri II.*

Fond gris ; décoration en pâte blanche, par M. Briffaut. — Hauteur, 0ᵐ, 24 ; diamètre, 0ᵐ,20.

195. *Coupe Henri II.*

Ornements en pâtes colorées, par M. Optat Milet ; médaillons en pâte blanche, par M. Taxile Doat. — Hauteur, 0ᵐ,24 ; diamètre, 0ᵐ,20.

82. *Coupe Henri II.*

Fond vert ; décoration en pâtes colorées, par M. Optat Milet ; dorure de M. David. — Hauteur, 0ᵐ,24 ; diamètre, 0ᵐ,20.

83. *Jatte du Musée.*

Forme de Peyre ; fond gris rosé ; *Dauphins et plantes marines ;* application de pâtes et gravures de M. O. Milet, d'après M. P. Avisse. — Hauteur, 0ᵐ,48 ; diamètre, 0ᵐ,58.

84. *Jatte indienne.*

Décoration composée et exécutée en pâtes colorées, par M. P. Avisse. — Hauteur, 0ᵐ,31 ; diamètre, 0ᵐ,80.

85. *Jatte chinoise.*

Décoration en pâtes colorées, par M. O. Milet, reprise en or, par M. David — Hauteur, 0ᵐ,10 ; diamètre, 0ᵐ,18.

222. *Trois coupes arabes cloisonnées.*

Décors en pâtes colorées, par M. Optat Milet.

86. *Jardinière rocaille à feuilles d'eau.*

Le Lion et le Rat ; cartels exécutés en pâtes blanche et colorées, par M. L. Gély. — Hauteur, 0ᵐ,30 ; diamètre, 0ᵐ,55.

87. *Deux tasses à la reine, à anses.*

Ornements en relief, par M. Briffaut ; application d'or par M. Bonnnit. — Hauteur, 0ᵐ,17 ; diamètre, 0ᵐ,10.

88. *Tasse à la reine.*

Fond vert turquoise ; composition et exécution en pâte blanche, par M. T. Doat. — Hauteur, 0ᵐ,17 ; diamètre, 0ᵐ,10.

196. *Jatte à laver* (modèle **Peyre**).

Fond blanc, décor en couleur, par M. Optat Milet.

197. *Jatte à laver* (modèle Peyre).

Repercée à jour et rebouchée à l'émail ; fond vert, décor en couleur, par M. Optat Milet.

198. *Quatre jattes à laver cloisonnées* (modèle Peyre).

Fonds divers ; décor en couleur, par M. Optat Milet.

89. *Cabaret Dimère avec plateaux.*

Fond céladon ; projet de M. E. Renard ; composition des figures et exécution de l'ensemble en pâte blanche, par M. Doat.

216. *Service à café mince et son plateau.*

Fleurs, oiseaux et papillons ; composition et exécution en pâtes blanche et colorées, par M. E. Gély.

217. *Service à café mince et son plateau.*

Fleurs et oiseaux ; composition et exécution en pâtes blanche et colorées, par M. L. Gély.

210. *Tasse à café mince et sa soucoupe.*

Forme Peyre ; décoration en pâtes colorées, rehaussée d'or, par M. A. Blanchard.

PORCELAINES PEINTES AU FEU DE MOUFLE.

90. *Deux vases de Salamine.*

Chassez-les d'un côté, ils rentreront de l'autre ; laissez-les prendre un pied chez vous, ils en auront bientôt quatre ; compositions et peintures de M. E. Froment. — Hauteur, 0^m,63 ; diamètre, 0^m,54.

91. *Vase de Neptune* (2e grandeur).

Fond caméléon : *L'Age d'or ;* composition d'après M. Carrier-Belleuse, peinte en camaïeu brun, au demi-grand feu, par M. Brunel-Ròcque ; décoration en pâte blanche d'application, par M. Lucas. — Hauteur, 1^m,45 ; diamètre, 0^m,45.

92. *Vase d'Achille.*

Fond bleu uni : *Ronde d'enfants ;* composition et peinture au demi-grand feu, par M. Brunel-Rocque ; dorure de M. G. Derichsweiler, d'après les dessins de M. E. Renard. Hauteur, 0^m,70 ; diamètre, 0^m,53

93. *Deux vases Socibius.*

La Science, les Arts et l'Industrie ; composition et peinture de M. Roussel ; décoration et dorure de M. Bonnuit, d'après les dessins de M. P. Avisse. — Hauteur, 0^m,80 ; diamètre, 0^m,40.

94. *Vase œuf* (2e grandeur).

Le Triomphe de la vérité ; peinture de M. Abel Schilt, d'après Lemoyne ; dorure de M. David, d'après les dessins de M. E. Renard. — Hauteur, 1^m,10 ; diamètre, 0^m,50.

95. *Deux vases de Rhodes.*

Forme de M. Nicolle : *La Géographie et l'Histoire;* compositions et peintures de M. Barriat; dorure de M. Réjoux. — Hauteur, 0ᵐ,86 ; diamètre, 0ᵐ,40.

96. *Deux vases Rimini* (1ʳᵉ grandeur).

Forme de M. Diéterle; décor en or et peinture sur fond bleu lapis, par M. Blanchard. — Hauteur, 1ᵐ,10; diamètre, 0ᵐ,55.

97. *Deux vases potiche* (3ᵉ grandeur).

Lutineries; composition et peinture en camaïeu jaune pourpré au demi-grand feu, par M. Frédéric de Courcy. — Hauteur, 0ᵐ,68; diamètre, 0ᵐ,22.

98. *Vase Socibius.*

Le Triomphe de Vénus; composition et peinture de M. Baldisseroni; dorure de M. David, d'après les dessins de M. E. Renard. — Hauteur, 0ᵐ,80 ; diamètre, 0ᵐ,40.

99. *Deux vases de la Vendange.*

Le Réveil et le Sommeil; compositions et peintures, par Mᵐᵉ Apoil. — Hauteur, 0ᵐ,82 ; diamètre, 0ᵐ,41.

100. *Vase églantier.*

Forme Peyre; compositions et peintures, par Mᵐᵉ Apoil.

101. *Deux vases cornet.*

Fleurs et oiseaux ; peinture au demi-grand feu sur fond turquoise, par M. Bulot. — Hauteur, 0ᵐ,80 ; diamètre, 0ᵐ,40.

102. *Vases de Nîmes.*

Glycines et raisins, composition et peinture au demi-grand feu, par M. Bulot. — Hauteur, 1ᵐ,40; diamètre, 0ᵐ,60.

103. *Deux vases balustre* pour torchères.

Plantes ornemanisées; décoration composée et peinte au demi-grand feu, par M. C. Cabau, sur un fond de pâtes colorées, exécuté en incrustation et en relief, par M. A. Blanchard. — Hauteur, 1ᵐ,15 ; diamètre, 0ᵐ,50.

104. *Vase Bertin* (1ʳᵉ grandeur).

Iris et glaïeuls; composition et peinture au demi-grand feu, par M. C. Cabau. — Hauteur, 1ᵐ,12 ; diamètre, 0ᵐ,53.

105. *Vase potiche* (2ᵉ grandeur).

Fleurs ; composition et peinture au demi-grand feu, par M. Cabau ; ornements en pâtes colorées, par M. Lucas; pied en bronze exécuté d'après les modèles de feu Lambert. — Hauteur, 1 mètre ; diamètre, 0ᵐ,40.

106. *Vase de Salamine.*

Fleurs ornemanisées; composition et peinture au demi-grand feu, par M. C. Cabau. — Hauteur, 0ᵐ,63 ; diamètre, 0ᵐ,54.

107. *Deux vases balustre* pour torchères.

Forme Peyre : *Oiseaux et iris;* composition et peinture au demi-grand feu rehaussée d'or, par M. Lambert. — Hauteur, 1ᵐ,15 ; diamètre, 0ᵐ,50.

108. *Vase bouteille mince coulée.*

Fleurs et oiseaux ; peinture au demi-grand eu, par M. Lambert. — Hauteur, $1^m,34$; diamètre, $0^m,13$.

109. *Vase de Neptune* (2ᵉ grandeur).

L'Amour vainqueur et l'Amour vaincu ; figures en argent gravé, d'après les dessins de M. Brunel-Rocque ; décoration en or, platine et peinture au demi-grand feu, exécutée par M. G. Derichsweiler, d'après la composition de M. E. Renard. — Hauteur, $1^m,45$; diamètre, $0^m,59$.

110. *Vase de la Vendange.*

Quatre figures, d'après les dessins de M. Carrier-Belleuse ; ornements composés par M. E. Renard ; exécution en or chinois, par M. G. Derichsweiler. — Hauteur, $0^m,98$; diamètre, $0^m,40$.

111. *Deux vases potiche* (3ᵉ grandeur).

Coquelicots et marguerites ; composition et exécution en or chinois dissous, par M. Réjoux. — Hauteur, $0^m,67$; diamètre, $0^m,25$.

112. *Vase potiche* (1ʳᵉ grandeur).

Fleurs et ornements ; composition et exécution en or chinois et dissous, par M. Réjoux. — Hauteur, $1^m,58$; diamètre, $0^m,50$.

113. *Vase caisse à fleurs.*

Fleurs et feuillages ; peinture au demi-grand feu, par M. E. Richard. — Hauteur, $0^m,44$; diamètre, $0^m,52$.

114. *Deux vases d'Entrecolles* (2ᵉ grandeur).

Décoration de style chinois, gravée en réserve en pleine pâte, par feu Lambert ; application d'or et de platine, par M. F. Hallion. — Hauteur, $0^m, 44$; diamètre, $0^m,39$.

115. *Deux vases bouteilles aux lézards.*

Modèle de la forme et exécution de feu A. Lambert ; dorure de M. David. — Hauteur, $0^m,48$; diamètre, $0^m,22$.

116. *Plaque.*

L'Embarquement pour Cythère (interprétation de Watteau), peinture de M. A. Schilt. — Hauteur, $0^m,67$; largeur, $0^m,87$.

117. *Coupe Diéterle réticulée.*

Fleurs ; composition et peinture par M. E. Belet ; décoration or et couleur, par M. Blanchard. — Hauteur, $0^m,22$; diamètre, $0^m,17$.

118. *Trois coupes Diéterle réticulées.*

Décoration en or et couleurs au demi-grand feu, par M. Blanchard. — Hauteur, $0^m,22$; diamètre, $0^m,17$.

119. *Coupe réticulée à six fleurons.*

Décoration en or et couleurs au demi-grand feu, par M. Blanchard. — Hauteur, $0^m,23$; diamètre, $0^m,29$.

199. *Jatte chinoise.*

Fleurs et ornements ; peinture au demi-grand feu et dorure, par feu François Richard. — Diamètre, 0ᵐ,80.

200. *Jatte chinoise.*

Décor persan ; peinture au demi-grand feu, par feu François Richard ; dorure de M. Blanchard. — Diamètre, 0ᵐ,80.

120. *Jatte du Musée.*

Forme Peyre : *Fleurs et feuillages ;* composition et peinture au demi-grand feu, par M. C. Cabau ; dorure de M. Bonnuit. — Hauteur, 0ᵐ,48 ; diamètre, 0ᵐ,58.

121. *Jatte persane.*

Modèle de MM. Lambert et Roger ; décoration en or et platine de M. Latache, d'après les dessins de M. E. Renard. — Hauteur, 0ᵐ,38 ; diamètre, 0ᵐ,31.

122. *Jatte du cabaret chinois réticulé.*

Décoration composée et peinte au demi-grand feu par M. F. Richard. —Hauteur, 0ᵐ,10 ; diamètre, 0ᵐ,24.

123. *Coffret réticulé.*

Modèle exécuté par M. Dammouse, d'après les dessins de M. P. Avisse. *Fleurs et oiseaux,* peints par M. E. Belet ; dorure de M. David.

124. *Cassolette à parfums réticulée.*

Modèle composé et exécuté par M. Briffaut ; dorure de M. Blanchard. — Hauteur, 0ᵐ,33 ; diamètre, 0ᵐ,25,

125. *Porte-bouquet chinois ajouré.*

Modèle composé et exécuté par feu Lambert ; fond jaune au grand feu, décoration de M. Bonnuit. — Hauteur, 0ᵐ,40 ; diamètre, 0ᵐ,27.

126. *Quatre vases trépied réticulés.*

Modèle composé et exécuté par M. Dammouse ; dorure de M. Blanchard. — Hauteur, 0ᵐ,23 ; diamètre, 0ᵐ,18.

127. *Vide-poche ovale découpé.*

Modèle exécuté par feu Lambert, d'après les dessins de M. P. Avisse. *Fleurs et oiseaux,* peints par M. E. Belet ; dorure de M. Charpentier.

128. *Vide-poche ovale non découpé.*

Fleurs et oiseaux, peints par M. E. Belet ; dorure de M. P. Richard.

129. *Cabaret Dimère avec plateau.*

Décoration en or et peinture au demi-grand feu exécutée par M. Bonnuit, d'après les dessins de M. E. Renard.

130. *Deux cabarets chinois réticulés.*

Décoration de M. F. Richard, d'après les dessins de M. E. Renard.

131. *Cabaret calabre et son plateau.*

Sujets Watteau, peints par M. A. Schilt.

132. *Cabaret calabre.*

Décoration en or relief sur fond brun, au demi-grand feu, exécutée par M. David, d'après les dessins de M. E. Renard.

133. *Cabaret ovoïde.*

Décoration exécutée d'après les dessins de M. E. Renard ; figures par M. L. Schilt; dorure en relief par M. Bonnuit.

134. *Cabaret ovoïde.*

Décoration sur fond bleu au demi-grand feu, exécutée par M. David, d'après les dessins de M. Renard.

135. *Service à café réticulé.*

Modèle de feu Peyre ; blanc et or.

136. *Service à thé réticulé.*

Modèle de feu Peyre ; blanc et or.

213. *Service à café mince cannelé.*

Forme Peyre ; décor de frise de clochettes imprimé en or sur fond blanc.

215. *Service à café turc.*

Forme Peyre; décor en or et couleur au demi-grand feu, sur fond bleu, par M. Blanchard, d'après les dessins de M. Èmile Renard.

137. *Zarphs réticulées et leurs tasses.*

Décoration en or et couleur, par M. J. Breton. — Hauteur, 0^m,11 ; diamètre, 0^m,07.

138. *Cafetière turque et plateau.*

Décoration en or et couleur, par M. J. Breton.

139. *Six assiettes à bords réticulés.*

Décoration d'or en relief, par M. J. Breton.

PORCELAINE TENDRE.

140. *Deux vases Pâris* (1re grandeur).

Peintres et sculpteurs ; composition de M. E. Froment, exécutée en émaux polychromes par M. Blanchard. — Hauteur, 0^m,85 ; diamètre, 0^m,40.

141. *Vase Pâris* (2e grandeur).

Les Roses ; composition et peinture de Mme Apoil. — Hauteur, 0^m,45 ; diamètre, 0^m,25.

141 *bis.* Vase Pâris (1re grandeur).

L'Aurore ; composition et peinture de Mme Apoil. — Hauteur, 0,^{m}85; diamètre, 0^m,40.

142. *Deux vases annelées.*

La Romance et la Chanson ; compositions et peintures de Mme Apoil. — Hauteur, 0^m,41 ; diamètre, 0^m,16.

143. *Deux vases Baril.*

Enfants et paysages ; peintures de M. A. Schilt, dorure de M. Réjoux. — Hauteur, 0^m,37 ; diamètre, 0^m,15.

144. *Deux vases Pâris* (1re grandeur).

Roses ; composition et peinture de M. Bulot. — Hauteur, 0^m,85 ; diamètre, 0^m,40.

219. *Vase Pâris* (1re grandeur).

Fleurs ; composition et peinture de M. Bulot. — Hauteur, 0^m,85 ; diamètre, 0^m,40.

221. *Deux vases Pâris* (1re grandeur).

Lilas ; composition et peinture de M. Bulot. — Hauteur, 0^m,85 ; diamètre, 0^m,40.

145. *Deux vases annelés.*

Fleurs ; composition et peinture de M. Bulot. — Hauteur, 0^m,41 ; diamètre, 0^m,16.

146. *Vase Pâris à anses.*

Composition de M. Émile Renard, exécutée en émaux polychromes en relief par M. J. Goddé. — Hauteur, 0^m,85 ; diamètre, 0^m,40.

147. *Vase Pâris* (1re grandeur).

Fleurs ornemanisées ; composition et exécution en émail turquoise en relief sur fond vermiculé en or, par M. J. Goddé. — Hauteur, 0^m,85 ; diamètre, 0^m,38.

148. *Vase Pâris* (1re grandeur).

Fleurs ornemanisées ; composition et exécution en émail turquoise en relief sur fond vermiculé blanc, par M. J. Goddé. — Hauteur, 0^m,85 ; diamètre, 0^m,38.

149. *Deux vases Pâris* (1re grandeur).

Fleurs de fuchsias et ornements ; composition et exécution en émaux polychromes en relief sur fond blanc vermiculé, par M. J. Goddé. — Hauteur, 0^m,85 ; diamètre, 0^m,40.

150. *Deux vases Pâris* (1re grandeur).

Décor à lambrequins en émaux polychromes en relief rehaussé d'or, composé et peint par M. J. Goddé. — Hauteur, 0^m,85 ; diamètre, 0^m,40.

151. *Deux vases Pâris.*

Décoration en émail turquoise en relief, composée et exécutée par M. J. Goddé. — Hauteur, 0^m,85 ; diamètre, 0^m,40.

152. *Deux vases Pâris* (2e grandeur).

Fleurs et oiseaux ; composition et exécution en émaux polychromes en relief, par M. J. Goddé. — Hauteur, 0^m, 45 ; diamètre, 0^m,25.

153. *Deux vases Pâris* (2e grandeur).

Décoration en émaux polychromes en relief, par M. J. Goddé. — Hauteur, 0^m,43 ; diamètre, 0^m,17.

154. *Deux vases Pâris de milieu.*

Fleurs en émail turquoise en relief sur fond vermiculé, par M. J. Goddé. — Hauteur, 0^m,35 ; diamètre, 0^m,15.

155. *Deux vases Ly* (3 grandeur).

Décoration en émaux polychromes en relief sur fond blanc vermiculé, par M. J. Goddé.

156. *Deux vases annelés.*

Fleurs et oiseaux ; composés et exécutés en émaux polychromes en relief sur fond blanc vermiculé, par M. J. Goddé. — Hauteur, o^m,41 ; diamètre, o^m,16.

157. *Vase annelé.*

Fuchsias ; composition et exécution en émaux polychromes en relief sur fond jaune, par M. J. Goddé. — Hauteur, o^m,41 ; diamètre, o^m,16.

158. *Deux petits vases Clodion.*

Décor en émail sur fond bleu, par M. J. Goddé. — Hauteur, o^m,32 ; diamètre, o^m,13.

159. *Tasse à la reine.*

Cartel d'oiseaux sur fond bleu ; peinture de feu Trager. — Hauteur, o^m,28 ; diamètre, o^m,13.

160. *Deux tasses à la reine.*

Décoration en émaux polychromes en relief sur fond rose, par M. Guillemain. — Hauteur, o^m,14 ; diamètre, o^m,11.

161. *Dix-sept tasses à la reine.*

Décorations variées, composées et exécutées en émaux polychromes en relief, par MM. Goddé et Guillemain. — Hauteur, o^m,30 ; diamètre, o^m,12..

205. *Quatre boîtes.*

Sujets de genre ; compositions et peintures de Mme Apoil.

206. *Une boîte.*

Décor de fleurs par M. Lambert.

BISCUITS DE PORCELAINE DURE.

223, 224. *Surtout de Bacchus.*

Groupes et pièces isolées formant un ensemble (modèles du xviiie siècle).

Groupes (modèle du xviiie siècle).

225. Le Couronnement de la rosière.
226. La Fête du bon vieillard.
229. Allégorie du mariage de Louis XVI.
230. La Conversation espagnole.
231. La Leçon de flûte.
232. Le Hautbois.

233. L'Enfance de Silène.

234. L'Amour captif.

235. La Bonne aventure.

236. Le Rémouleur.

237. Borée enlevant Orithie.

228. Les Trois Grâces à la corbeille.

227. Les Trois Grâces à l'enfant.

Flambeaux (modèles du XVIIIe siècle).

238. Groupe d'enfants (trois lumières).

239. Figure d'enfant (une lumière).

Figures isolées (modèles du XVIIIe siècle).

245. Satyre. — Bacchante.

Statues (modèles du XVIIIe siècle).

240. Statue équestre de Louis XIV.

241. Pascal.

242. Fénelon.

243. Bossuet.

244. Vauban.

246. *Le Messie, l'Ange à la croix, l'Ange à l'agneau.*

Modèles de M. Carrier-Belleuse ; réductions par M. Forgeot.

ÉMAUX.

168. *Coupe Pénicaud.*

A médaillons en relief ; figures et ornements composés et exécutés par M. Gobert ; émaillage de feu Philip. — Hauteur, 0^m, 57 ; diamètre, 0^m,36.

169. *Buire Diéterle.*

Flore et Pomone ; figures et ornements composés et exécutés par M. Gobert. — Hauteur, 0^m,60 ; diamètre, 0^m,21.

170. *Buire Diéterle.*

Les Amazones ; figures et ornements composés et exécutés par M. Gobert. — Hauteur, 0^m,60 ; diamètre, 0^m21.

171. *Deux vases forme calice.*

Les Saisons ; figures et ornements composés et exécutés par M. Gobert. — Hauteur, 0^m,80 ; diamètre, 0^m,25.

172. *Vase trépieds.*

L'*Amour triomphateur ;* figures et ornements composés et exécutés par M. Gobert. — Hauteur, 0^m,60 ; diamètre, 0^m,30.

173. *Vase trépieds.*

Fantaisies ; figures et ornements composés et exécutés par M. Gobert.

174. *Coupe.*

La Guerre ; composition et exécution de M. Gobert ; pied en argent et en fer, par M. Dufraisne. — Diamètre, 0^m,50.

175. *Deux plaques.*

Figures d'après Holbein ; émaillage sur cuivre et paillons, par MM. Meyer-Heine et feu Philip. — Hauteur, 1^m,45 ; longueur, 0^m,60.

Nancy. — Imprimerie Berger-Levrault et Cie.

www.ingramcontent.com/pod-product-compliance
Lightning Source LLC
Chambersburg PA
CBHW072020290326
41934CB00009BA/2134